MF1017_2

REPRODUCCIÓN Y ARCHIVO

MF1017_2

REPRODUCCIÓN Y ARCHIVO

ELSA RUBIO DUCE

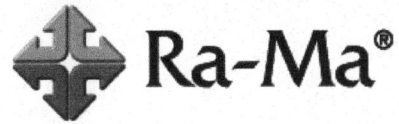

MF0971_3 - Reproducción y archivo
Thema: UYQ Inteligencia Artificial
Bisac: COM004000
© Elsa Rubio Duce
© De la edición: Ra-Ma 2025

Editado por:
RA-MA Editorial
Calle Jarama, 3A, Polígono Industrial Igarsa 28860
PARACUELLOS DE JARAMA, Madrid
Teléfono: 91 658 42 80
Fax: 91 662 81 39
Correo electrónico: info@grupoeditorialrama.com
Internet: www.ra-ma.es y www.ra-ma.com
ISBN impreso: 979-13-8776-439-5
Depósito legal: M-11284-2025
Maquetación: Antonio García Tomé
Diseño de portada: Antonio García Tomé
Filmación e impresión: Safekat
Impreso en España en mayo de 2025

A mi familia.

Índice

Acerca de la autora

Elsa Rubio Duce

Graduada en Antropología Social y Cultural y con una pasión innata por la redacción y creación de contenido. Profesional autónoma especializada en la gestión de proyectos editoriales y el desarrollo de contenido formativo, con una amplia experiencia en tecnologías educativas y desarrollo web. Su dominio abarca el manejo de herramientas de IA como ChatGPT 4.0, Copilot, Perplexity, Gemini y Midjourney. Posee experiencia en lenguajes de programación como HTML5, CSS3 y JavaScript, así como conocimientos en Python, utilizado en el análisis de datos, machine learning y automatización de flujos de trabajo.

Introducción

El programa MF0971_3 de Reproducción y Archivo —adaptado a Windows 11 y Access 2019 21— articula dos unidades formativas de sesenta horas cada una. La primera capacita en el dominio del sistema operativo y en la gestión documental; la segunda aborda la reprografía y la encuadernación profesional. Ambas se integran bajo una perspectiva de calidad, seguridad y sostenibilidad, preparando al participante para administrar información y producir soportes físicos con criterios normativos.

La unidad UF0513 comienza con una inmersión en Windows 11. Se examina la interfaz, la barra de tareas y el Explorador de archivos, al tiempo que se practica la creación de jerarquías de carpetas, el uso de menús contextuales y la personalización de accesibilidad, seguridad y rendimiento. Se incluyen ejercicios de cuentas de usuario, copias de seguridad locales, en red o en la nube, y conexión a recursos compartidos con soporte para archivos sin conexión.

En cuanto a archivo administrativo, se definen finalidades, tipologías (centralizado, descentralizado y mixto) y requisitos de equipos, tanto físicos —estanterías ignífugas, cajas sin ácido— como digitales —servidores redundantes y copias LTO—. Se detallan los procedimientos de ingreso, clasificación, conservación y destrucción según ISO 15489, normativa fiscal, laboral y de protección de datos. El módulo enfatiza la confidencialidad mediante controles de acceso, cifrado y auditorías alineadas con ISO 27001 y el ENS.

La segunda mitad de UF0513 introduce Microsoft Access. El participante aprende a navegar por la cinta de opciones y la barra de objetos, reconoce tablas, consultas, formularios e informes y ejecuta operaciones esenciales: diseño de campos, filtros, ordenaciones, importación, exportación y compactación. Se demuestra la división front end/back end, la automatización con VBA y la generación de copias de seguridad programadas, consolidando la cultura de integridad de datos.

La unidad UF0514 traslada la teoría documental al entorno de reprografía. Se identifican fotocopiadoras digitales, impresoras láser, plotters y duplicadoras, explicando sensores, ciclos de fusión y flujos RIP. Se establecen protocolos de mantenimiento preventivo —limpieza, calibración de color, sustitución de consumibles— y se analizan los soportes: papeles de distintos gramajes, cartulinas, films sintéticos y laminados certificados FSC o PEFC.

El control de calidad se rige por ISO 12647 e ISO 15311, aplicando cuñas densitométricas y espectrofotometría ΔE para garantizar constancia cromática. Se incluyen pruebas de inyectores, hendido previo a plegado y curvas de compensación en el RIP. En paralelo, el plan de seguridad basado en ISO 45001 contempla ventilación con filtros HEPA, sensores de ozono, consignación lock out/tag out y segregación de residuos según el código LER.

El módulo de encuadernación profundiza en canutillo, espiral y wire O. Se describen ajustes de perforadoras, cerradoras y enrolladoras, así como criterios para elegir diámetros, cubiertas PET y cartulinas gráficas. Las operaciones técnicas abarcan igualado, alzado, numerado, engomado y grapado, todas ellas supervisadas por un sistema MES que registra temperatura, presión y velocidad.

Para la calidad final se adopta un plan de muestreo ISO 2859 1. Se evalúan integridad mecánica, alineación, estética y legibilidad; se realizan pruebas de fatiga mecánica y se emite un certificado con código QR que enlaza al historial digital del lote. Las normas medioambientales exigen reciclaje de papel, compactación de plásticos y fundición de alambre, mientras los KPI de huella de carbono orientan mejoras anuales.

En conjunto, el itinerario forma al profesional en la administración completa del ciclo documental: desde la creación y protección de datos en Windows 11 y Access, hasta la reproducción, encuadernación y archivo físico o digital conforme a las principales normas de calidad, seguridad y medioambiente.

Unidad Formativa 1

UF0513.
Dominio práctico de sistemas operativos habituales

1

Introducción

Este apartado profundiza en el entorno de trabajo de Windows 11, ofreciendo una visión clara de la interfaz, la configuración personalizada y la administración de carpetas y archivos. A través de ejercicios prácticos, se garantiza el desarrollo de la habilidad para navegar con soltura, manipular ficheros de manera segura y aprovechar las múltiples herramientas básicas del sistema, con especial énfasis en la creación y gestión de cuentas de usuario y la realización de copias de seguridad.

1.1 INTRODUCCIÓN AL SISTEMA OPERATIVO

Windows 11 se ha convertido en una opción destacada al combinar modernidad, versatilidad y enfoque en la experiencia del usuario. La interfaz renovada propone una disposición intuitiva de menús y opciones que favorece la productividad. Mediante la adopción de funciones que promueven la accesibilidad, se facilita el uso en entornos laborales y académicos, al mismo tiempo que se integra un diseño estético atractivo. Este sistema operativo se orienta a quienes buscan comodidad en el manejo de múltiples aplicaciones, adaptándose a necesidades tanto personales como profesionales.

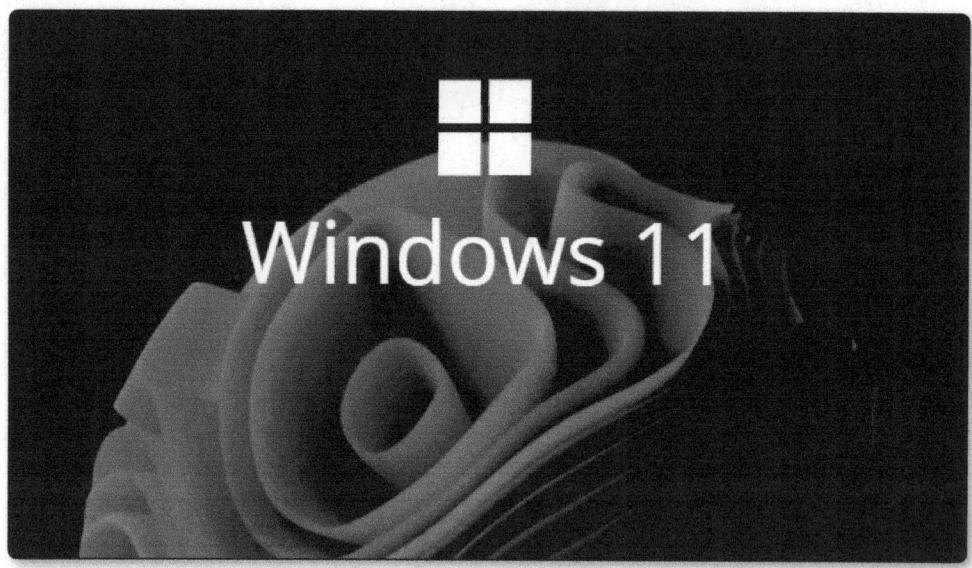

La plataforma ofrece compatibilidad con una diversidad de herramientas y servicios, que abarcan aplicaciones de oficina, programas de entretenimiento y utilidades para la gestión de contenidos multimedia. A través de un entorno ordenado, la organización de carpetas y archivos adquiere un papel relevante, reflejando la manera en que el sistema simplifica la localización de información. El énfasis en la interacción fluida con el usuario se hace patente mediante atajos de teclado, paneles emergentes y menús contextuales que incrementan la eficiencia en cada tarea.

1.1.1 Reconocimiento del entorno de trabajo e interfaz

Para explorar el entorno de Windows 11, se recomienda observar en primer lugar el escritorio. Este espacio principal recibe al usuario con los iconos y accesos directos a aplicaciones o documentos de alta frecuencia de uso.

En la zona inferior de la pantalla se ubica la **barra de tareas**, encargada de organizar las ventanas abiertas y proporcionar accesos rápidos a funciones como la búsqueda y el menú de inicio.

También se dispone de un área de notificaciones en la parte derecha, la cual integra accesos directos a la configuración de red, volumen y modo de concentración.

La interfaz principal utiliza menús emergentes y paneles diseñados para mostrar opciones pertinentes de forma inmediata. Las ventanas se distinguen por su diseño de bordes redondeados y animaciones suaves, generando una sensación de fluidez al desplazarse entre carpetas y programas. Este planteamiento visual facilita la adopción de una metodología ordenada de trabajo, ya que simplifica el proceso de alternar entre múltiples aplicaciones, revisar documentos y ajustar configuraciones con rapidez.

1.1.2 Identificación de partes del sistema y desplazamiento por menús

El sistema cuenta con distintas secciones que organizan las funcionalidades disponibles. El **menú de inicio**, ubicado en el centro o a la izquierda de la barra de tareas según preferencias, agrupa un listado de aplicaciones y accesos personalizados,

Esta parte del entorno constituye una vía de entrada directa a la mayoría de los programas instalados, permitiendo desplazarse con un simple clic o utilizando la búsqueda integrada. El panel de configuración centraliza opciones generales, como la administración de red, la personalización de escritorio y la gestión de cuentas, evitando la dispersión en distintos submenús.

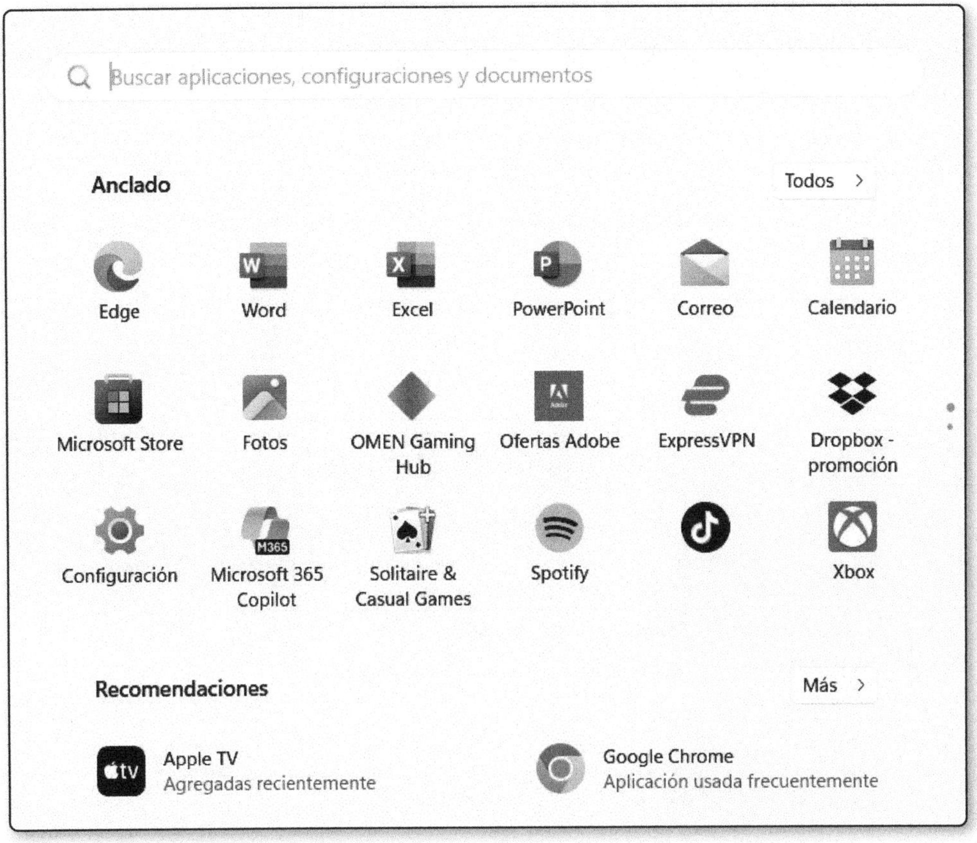

Q Buscar aplicaciones, configuraciones y documentos

Anclado   Todos >

Edge   Word   Excel   PowerPoint   Correo   Calendario

Microsoft Store   Fotos   OMEN Gaming Hub   Ofertas Adobe   ExpressVPN   Dropbox - promoción

Configuración   Microsoft 365 Copilot   Solitaire & Casual Games   Spotify   Xbox

Recomendaciones   Más >

Apple TV
Agregadas recientemente

Google Chrome
Aplicación usada frecuentemente

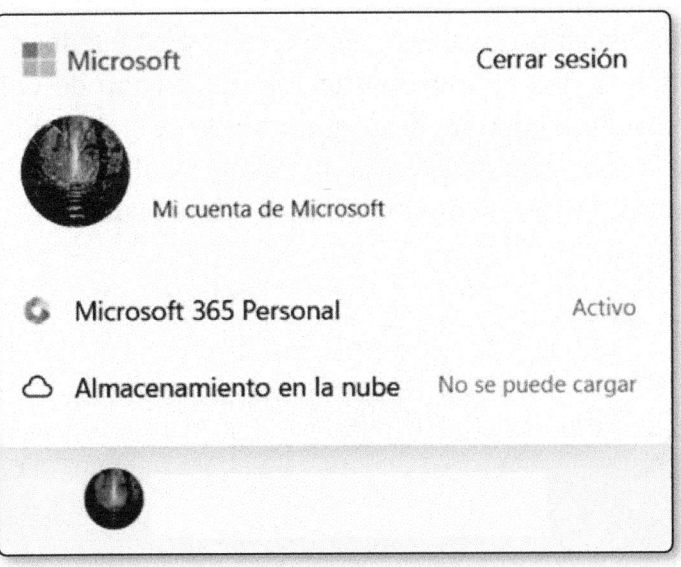

Microsoft   Cerrar sesión

Mi cuenta de Microsoft

Microsoft 365 Personal   Activo

Almacenamiento en la nube   No se puede cargar

El **Explorador de archivos** mantiene un diseño jerárquico que ayuda a estructurar proyectos y documentos en carpetas. Las secciones principales, como "Este equipo" y "Acceso rápido", facilitan el hallazgo de elementos de uso habitual, mientras que la navegación a través de directorios específicos apoya la organización pormenorizada. Esta disposición del sistema, combinada con menús contextuales que emergen al hacer clic derecho, fomenta la optimización de flujos de trabajo, permitiendo editar, copiar o eliminar elementos de manera eficiente.

1.1.3 Configuración personalizada según necesidades del usuario

Una de las características más relevantes de Windows 11 consiste en las múltiples vías de **personalización**. La sección de **Configuración** ofrece la posibilidad de modificar el fondo de pantalla, el esquema de colores y la disposición de la barra de tareas, resultando en un entorno adaptado a los gustos y requerimientos de cada usuario.

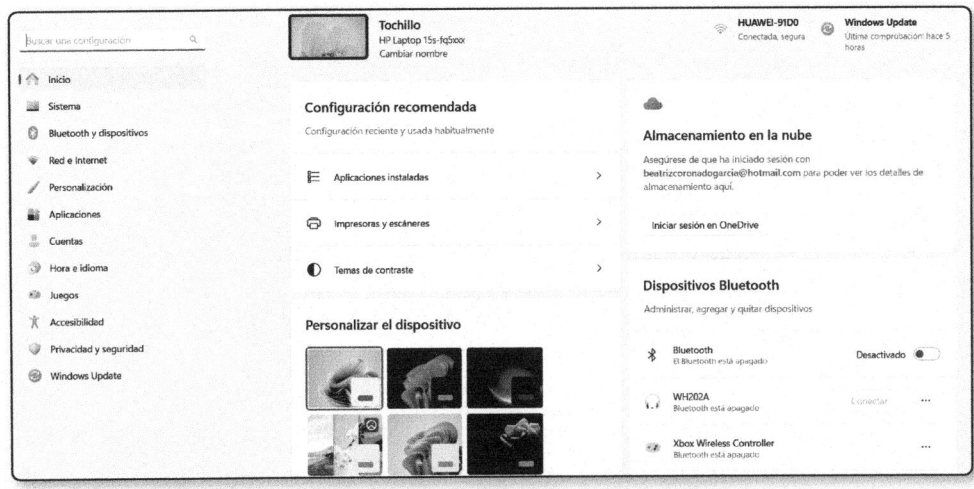

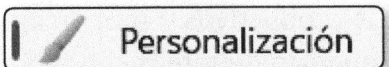

Para usuarios que precisan accesibilidad extendida, se incluyen opciones de narración de texto, ampliación de pantalla y contraste de color, reforzando la idoneidad de este sistema operativo en contextos con necesidades específicas.

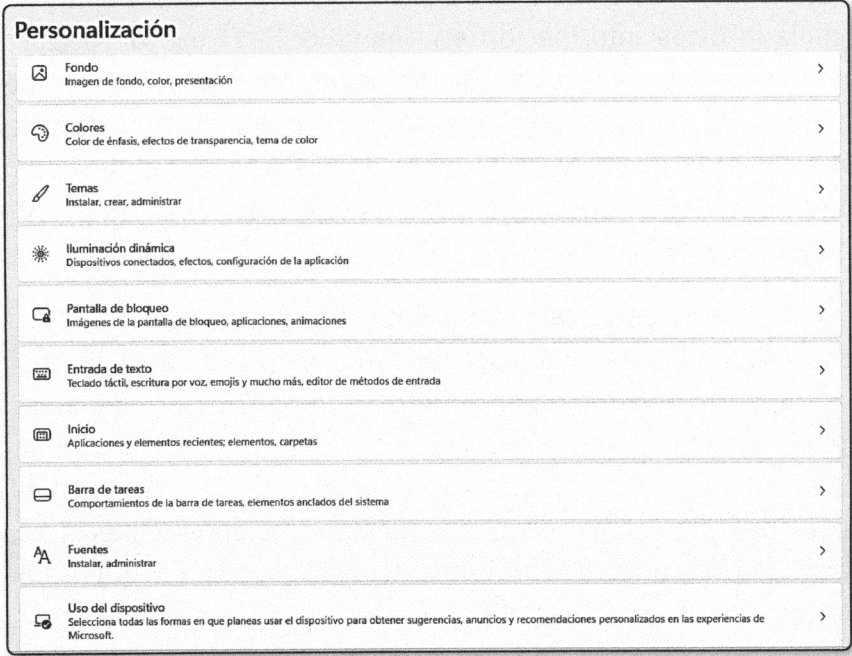

La personalización no se limita a la apariencia, pues también se contemplan aspectos de seguridad, privacidad y rendimiento. El usuario puede optimizar la forma en que se reciben las notificaciones, gestionar la protección mediante cortafuegos y establecer restricciones en el acceso a contenidos sensibles.

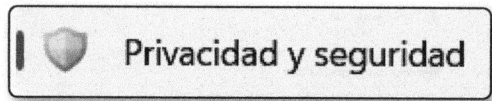

Este control detallado sobre los parámetros del sistema impulsa una experiencia equilibrada entre confiabilidad y comodidad, favoreciendo el desarrollo de hábitos productivos y proporcionando una plataforma sólida para un amplio abanico de tareas cotidianas o avanzadas.

1.2 GESTIÓN EFICIENTE DE CARPETAS Y DIRECTORIOS

La **administración adecuada de carpetas y directorios** constituye un método que fomenta la productividad, la claridad en las tareas y el cuidado de la información en Windows 11. El uso de estructuras organizadas facilita la localización de documentos y archivos, además de optimizar la ejecución de proyectos personales o profesionales. El sistema ofrece la posibilidad de crear, desplazar, renombrar y eliminar de forma ágil, lo que permite diseñar una jerarquía coherente con las necesidades de cada entorno de trabajo.

La distinción entre **carpetas principales y subcarpetas** refuerza la claridad en las labores de almacenamiento, ya que es posible clasificar documentos por temática, por cliente o por categoría. Mediante este esquema, se evitan confusiones y se mejora la experiencia al momento de compartir archivos con colegas o familiares. Conviene establecer convenciones de nomenclatura con descripciones específicas, de manera que cada directorio refleje el tipo de contenidos que alberga o el proyecto al que se vincula.

1.2.1 Creación y organización de estructuras de carpetas

La primera etapa en la organización de archivos consiste en la planificación de una estructura que refleje la actividad a desarrollar, los proyectos en curso o la categoría a la que pertenecen los elementos a almacenar. Para lograr esta disposición, se sugiere dividir cada área de trabajo en carpetas principales y, dentro de cada una, ubicar subcarpetas más detalladas.

Por ejemplo, una carpeta de proyectos activos puede contener diversos subdirectorios, cada uno dedicado a un área concreta o a un cliente específico. Esta estrategia facilita el mantenimiento de un orden lógico y contribuye a una visualización más ordenada en el Explorador de archivos.

Ejemplo

A continuación, se presenta un ejemplo de cómo organizar la carpeta de un "Disco de canciones" con subdirectorios dedicados a diferentes proyectos o clientes:

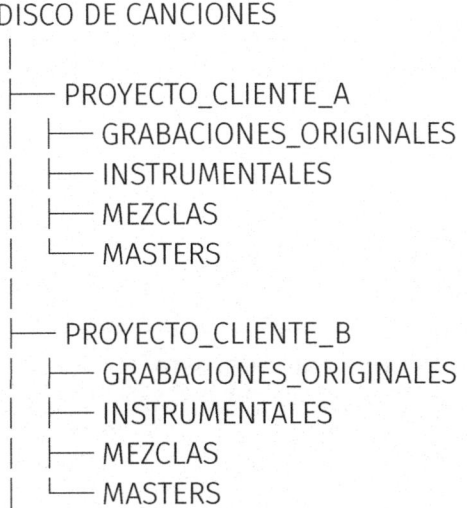

```
DISCO DE CANCIONES
|
├── PROYECTO_CLIENTE_A
|   ├── GRABACIONES_ORIGINALES
|   ├── INSTRUMENTALES
|   ├── MEZCLAS
|   └── MASTERS
|
├── PROYECTO_CLIENTE_B
|   ├── GRABACIONES_ORIGINALES
|   ├── INSTRUMENTALES
|   ├── MEZCLAS
|   └── MASTERS
```

```
|
├── PROYECTO_CLIENTE_C
|   ├── GRABACIONES_ORIGINALES
|   ├── INSTRUMENTALES
|   ├── MEZCLAS
|   └── MASTERS
|
└── RECURSOS_COMUNES
├── PLANTILLAS
└── BIBLIOTECAS_DE_SONIDOS
```

Proyecto_Cliente_X: Cada proyecto se gestiona por separado para mantener todo el material agrupado.

▼ Grabaciones_Originales: Aquí van los archivos de audio en bruto.

▼ Instrumentales: Instrumentales u otros audios de acompañamiento.

▼ Mezclas: Versiones en proceso de mezcla.

▼ Masters: Archivos finales o versiones maestras listos para su distribución.

Recursos_Comunes: Reúne archivos o herramientas que puedan necesitarse en cualquiera de los proyectos, como Plantillas para la sesión de tu DAW (Digital Audio Workstation) o Bibliotecas_De_Sonidos que podrían usarse en varios proyectos.

La creación de estas carpetas en Windows 11 se realiza con un clic derecho sobre cualquier área vacía del escritorio o del Explorador, eligiendo la opción "Nuevo" y posteriormente "Carpeta".

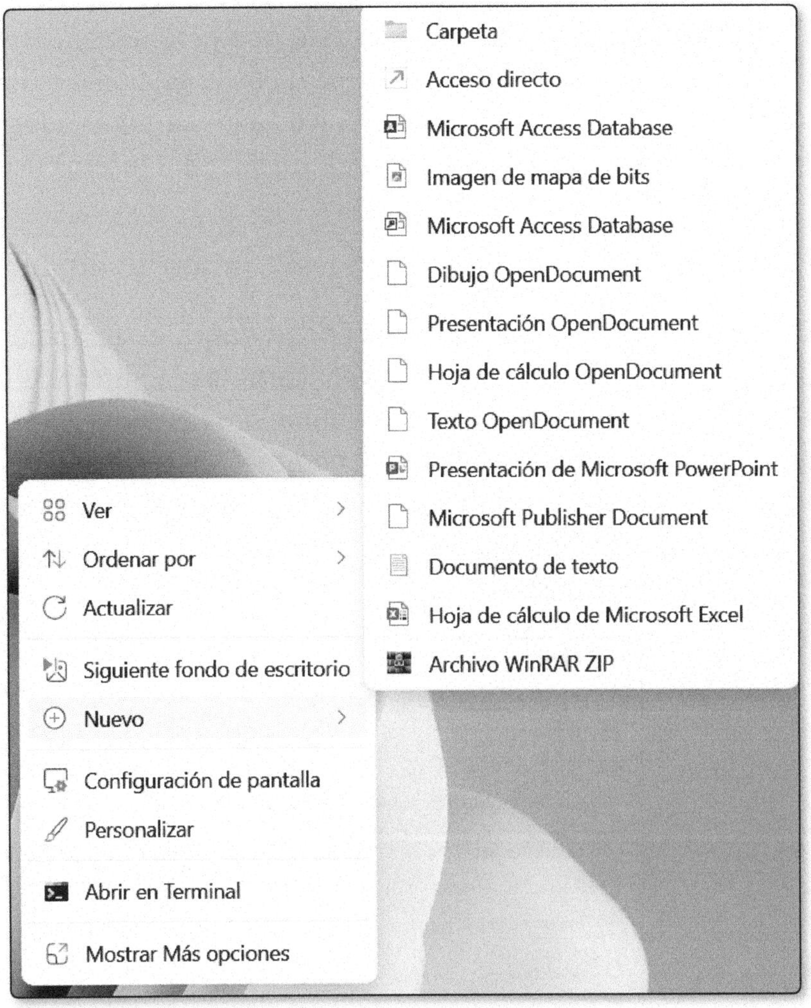

Carpeta

Acceso directo

Microsoft Access Database

Imagen de mapa de bits

Microsoft Access Database

Dibujo OpenDocument

Presentación OpenDocument

Hoja de cálculo OpenDocument

Texto OpenDocument

Presentación de Microsoft PowerPoint

Microsoft Publisher Document

Documento de texto

Hoja de cálculo de Microsoft Excel

Archivo WinRAR ZIP

Ver   >

Ordenar por   >

Actualizar

Siguiente fondo de escritorio

Nuevo   >

Configuración de pantalla

Personalizar

Abrir en Terminal

Mostrar Más opciones

Posteriormente, se asigna un nombre con sentido, procurando evitar abreviaturas ambiguas.

Al desarrollar este sistema de clasificación, se recomienda agrupar contenidos que compartan características o que pertenezcan al mismo contexto, con el fin de promover la coherencia en la gestión documental. El proceso se completa al incorporar archivos a las carpetas adecuadas, valorando siempre la practicidad de su ubicación para futuros usos.

1.2.2 Modificación: renombrar, mover, copiar y eliminar

El mantenimiento de la estructura organizativa exige operaciones periódicas, como **renombrar o mover carpetas** y archivos hacia localizaciones más oportunas. Para renombrar, se selecciona el elemento deseado y se elige la opción "Cambiar nombre", disponible con el clic derecho o tras pulsar la tecla F2. Esta acción favorece la adopción de etiquetados más descriptivos, lo cual repercute positivamente en la rapidez de búsquedas posteriores.

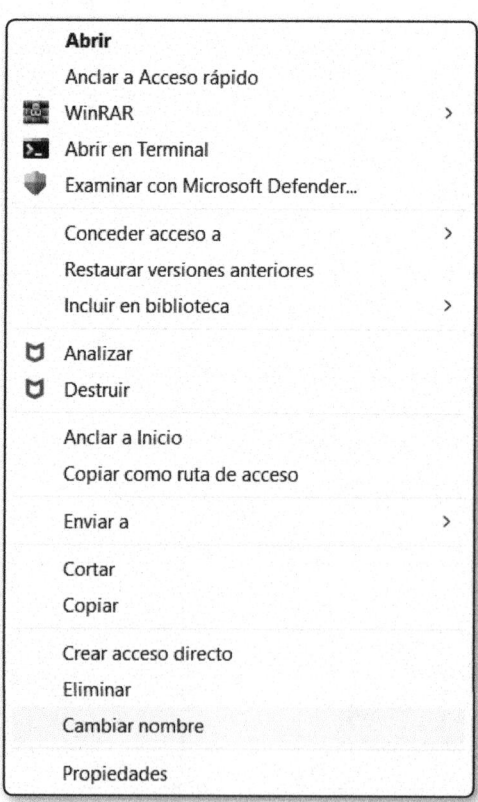

Por otro lado, la función de mover permite transferir un elemento a otra carpeta arrastrándolo con el ratón o utilizando el menú emergente que surge al hacer clic derecho, eligiendo "Cortar" y "Pegar" en la carpeta de destino.

La copia de archivos y directorios se realiza a través de pasos similares, aunque en este caso es posible conservar el original y generar una réplica en otra ubicación. Esta acción resulta útil al compartir documentación con colaboradores o al crear respaldos locales.

El proceso de eliminación está disponible mediante la tecla Supr o la opción "Eliminar" al hacer clic derecho. Dicha herramienta envía los objetos a la Papelera de reciclaje, desde donde es posible recuperarlos en caso de un borrado erróneo.

Por ello, el vaciado de la Papelera de reciclaje se sugiere únicamente después de verificar la inexistencia de archivos importantes.

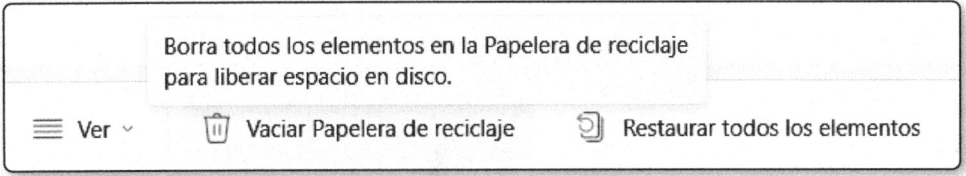

1.3 TRABAJO PRÁCTICO CON FICHEROS

La interacción con documentos digitales implica tanto la creación y apertura como la eliminación o el traslado a distintas ubicaciones. Estas acciones requieren familiaridad con las herramientas nativas del sistema, que ofrecen múltiples opciones para agilizar los procedimientos, desde el guardado instantáneo hasta la restauración de versiones previas. El manejo metódico de los ficheros permite una optimización de recursos y una mejor experiencia en proyectos de todo tipo.

La combinación de herramientas, accesos rápidos y menús contextuales en Windows 11 brinda un entorno donde se simplifica la manipulación de documentos. El usuario dispone de la posibilidad de anclar carpetas de uso constante en el Explorador de archivos, facilitando la organización de datos según sus propios criterios.

El objetivo consiste en aprovechar cada recurso para economizar tiempo y reducir el riesgo de extraviar información.

1.3.1 Creación, apertura y guardado de documentos

La elaboración de ficheros resulta fundamental para dar forma a proyectos, informes o registros de información en Windows 11. Al momento de generar un documento, se elige la aplicación adecuada según el tipo de contenido que se pretende producir: herramientas de texto, hojas de cálculo o software de diseño, entre otras.

Word   OpenOffice Writer

Excel   OpenOffice Calc

Ejemplos de aplicaciones

Cada programa ofrece funciones específicas de formato y estructura, como encabezados, secciones o vínculos internos, que aseguran la legibilidad de la información plasmada.

La apertura de documentos se lleva a cabo desde el Explorador de archivos o mediante accesos directos ubicados en el escritorio, e involucra un simple doble clic.

Una vez dentro de la aplicación, se visualiza el contenido y se realizan modificaciones de acuerdo con las necesidades. El proceso de guardado se efectúa presionando la combinación de teclas Ctrl + S o eligiendo la opción correspondiente dentro del menú principal de la aplicación.

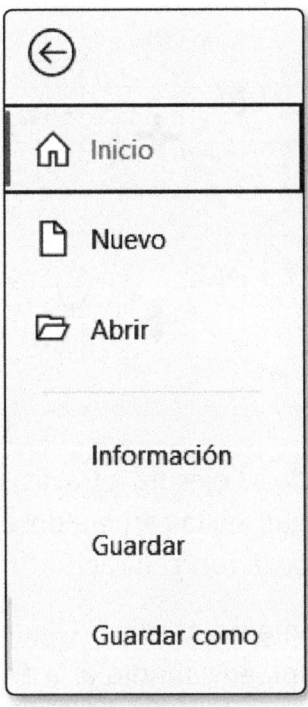

Guardar en Microsoft Word

Posteriormente, se selecciona la carpeta de destino y se asigna un nombre descriptivo, acción que facilita la organización al momento de trabajar con varios ficheros. Este sistema simplifica la diferenciación entre versiones, pues es posible crear copias con nombres específicos que reflejen los avances realizados en distintas fases.

1.3.2 Copiado, traslado y eliminación segura

El movimiento de ficheros y carpetas implica tanto la creación de copias para resguardo como el cambio de ubicación cuando se necesita reorganizar datos. Para copiar un archivo, se recurre a la opción "Copiar" presente al hacer clic derecho en el elemento o empleando el atajo de teclado Ctrl + C, seguido de "Pegar" (Ctrl + V) en la carpeta de destino. Esto mantiene intacto el original, a la vez que genera una réplica para fines de respaldo o compartición con otras personas interesadas en el proyecto.

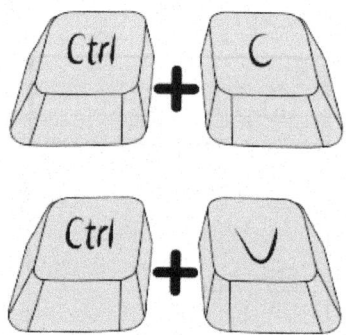

En cambio, el traslado se ejecuta a través de la opción "Cortar" (Ctrl + X) y posteriormente "Pegar" en la carpeta deseada, acción que altera la ubicación inicial y favorece la reorganización.

Para eliminar un elemento, se elige "Eliminar" al hacer clic derecho o se presiona la tecla Supr, enviándolo a la Papelera de reciclaje. Esta área temporal admite la restauración de archivos borrados en caso de haber un equívoco.

Como ya sabemos, cuando se ha comprobado que los elementos ya no son necesarios, se procede a vaciar la Papelera de reciclaje, garantizando así la liberación de espacio y la eliminación definitiva de los datos.

1.4 USO DE APLICACIONES Y HERRAMIENTAS BÁSICAS

La exploración de funciones nativas de Windows 11 conduce a una experiencia fluida al gestionar actividades cotidianas. El sistema incorpora aplicaciones esenciales que resultan de utilidad tanto para el aprendizaje como para la productividad, incluyendo bloc de notas, herramientas de captura de pantalla y aplicaciones multimedia. Estas utilidades se concentran en un entorno que favorece la organización y evita distracciones, de manera que el usuario dedique más tiempo a la tarea principal en lugar de tener que buscar soluciones externas.

El **bloc de notas** presenta una interfaz sencilla que permite elaborar y editar texto de manera rápida.

Las opciones principales se encuentran en la parte superior, organizadas en menús como "Archivo", "Editar" y "Ver". En "Archivo" se localiza la posibilidad de crear documentos nuevos, abrir ficheros existentes y guardarlos en diferentes ubicaciones. El apartado de "Editar" ofrece herramientas para deshacer y rehacer acciones, así como para buscar y reemplazar palabras. Por último, el menú "Ver" incorpora configuraciones de fuente y opciones de zoom, facilitando la adaptación del texto a preferencias personales o requerimientos de lectura.

| correos_editoriales.txt | **Sin título** | × + | — □ × |

Archivo   Editar   Ver

Ln 1, Col 1   0 caracteres.   100%   Windows (CRLF)   UTF-8

La **herramienta Recortes** facilita la captura de segmentos de la pantalla, propiciando la toma de imágenes puntuales o ventanas completas.

Herramienta Recortes

Aplicación

Al iniciar la aplicación, se puede escoger entre un recorte rectangular, recorte a mano alzada, ventana específica o pantalla completa. Además, incluye un modo de grabación que ayuda a capturar video de lo que sucede en el escritorio. Las opciones ubicadas en la parte superior permiten realizar un nuevo recorte, pausar la captura o guardar la imagen obtenida, mientras que los íconos de configuración brindan la posibilidad de ajustar la retención del recorte o configurar el retardo en segundos antes de iniciar la toma.

Windows 11 integra varias aplicaciones que ayudan a gestionar y reproducir contenidos de audio, imágenes y video. **Media Player** constituye la opción principal para escuchar música y ver ciertos formatos audiovisuales, y presenta una interfaz sencilla que permite crear y explorar listas de reproducción. Películas y TV, por otro lado, se orienta a la reproducción de videos en varios formatos y brinda una experiencia enfocada en la visualización de series y películas almacenadas localmente.

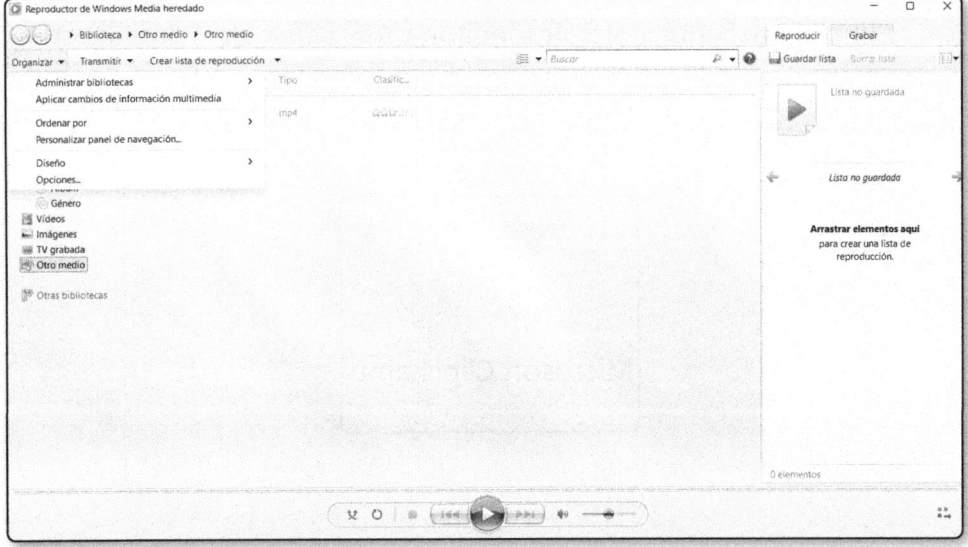

La **aplicación Fotos** facilita la organización y la edición básica de imágenes, ya que incluye herramientas para recortar, ajustar brillo o contraste, así como crear álbumes y presentaciones de diapositivas.

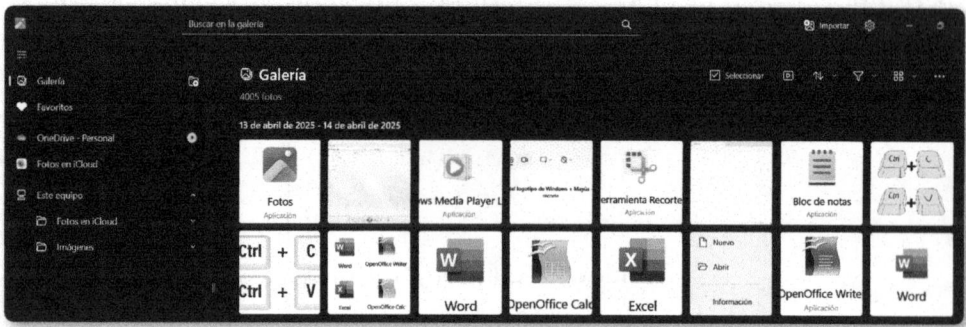

Clipchamp figura entre los editores de video de Windows 11, y ofrece funciones de recorte, transición y adición de efectos, cubriendo necesidades de edición en proyectos simples o intermedios.

*En la pantalla se aprecia la interfaz principal de Microsoft Clipchamp, donde se ofrecen dos botones destacados para crear un nuevo proyecto o elaborar uno con inteligencia artificial. A la izquierda se ubica un menú lateral con secciones como "Inicio", "Kit de marca", "Plantillas" y "Configuración". Debajo del menú, se presenta la opción de agregar carpetas para una organización personalizada. En la parte central se muestran sugerencias de edición sencillas, tales como grabar la pantalla o convertir texto en voz, así como plantillas inspiradas en plataformas populares y ocasiones específicas.

También se encuentra la herramienta **Grabadora de sonido**, que permite capturar audio y realizar anotaciones, lo que resulta útil para conferencias y recordatorios.

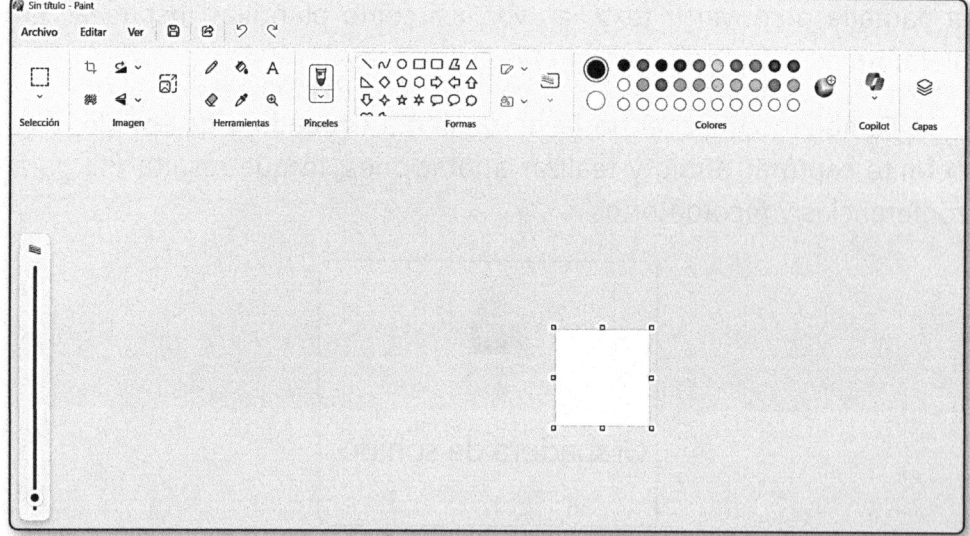

Por su parte, **Paint** se mantiene como la opción para dibujos rápidos y retoques sencillos, lo que complementa la gama de aplicaciones multimedia incluidas de manera predeterminada en el sistema.

Paint
Aplicación

Cada aplicación nativa se caracteriza por su integración con la interfaz del sistema, lo que permite combinar funcionalidades y ahorrar tiempo al trabajar en varios frentes.

La accesibilidad de estas herramientas radica en el menú de inicio, la barra de tareas o los menús contextuales. El objetivo consiste en familiarizarse con sus particularidades, a fin de aprovechar cada una según la actividad en curso.

1.4.1 Exploración del sistema y navegación efectiva

El proceso de recorrer las distintas secciones de Windows 11 se ve facilitado por el Explorador de archivos, el cual muestra un esquema jerárquico que agrupa carpetas relevantes, como Descargas, Documentos e Imágenes. Para desplazarse de forma efectiva, se recomienda utilizar atajos de teclado que aceleren la apertura de rutas o el cambio de carpeta. En la franja lateral izquierda, se localizan accesos rápidos a ubicaciones frecuentes, mientras que la barra de direcciones en la parte superior indica la ruta completa, lo que sirve para verificar el directorio en uso y, de ser necesario, retroceder un nivel.

La navegación eficiente también se ve reforzada por la barra de tareas, que permanece visible en la parte inferior de la pantalla. Este recurso visual indica las ventanas abiertas y ofrece un enfoque intuitivo para cambiar entre aplicaciones, sobre todo cuando se manejan múltiples programas de forma simultánea.

El usuario puede anclar software recurrente en la barra de tareas, agilizando así el inicio de sesiones de trabajo sin buscar en la lista completa de aplicaciones. Para ello, se hace clic derecho sobre la aplicación se ha abierto (situada en la barra de tareas, pero no anclada) y se selecciona la opción, por ejemplo:

El ajuste de la barra de tareas contempla su posición en pantalla, el agrupamiento de iconos y la visibilidad de estos. De esta forma, se logra un uso más orgánico del espacio, identificando rápidamente las aplicaciones en ejecución. La posibilidad de configurar notificaciones y accesos directos también influye en la calidad de la experiencia, dado que reduce la saturación de avisos e incentiva la concentración en labores primordiales.

1.4.2 Personalización de elementos del entorno de trabajo

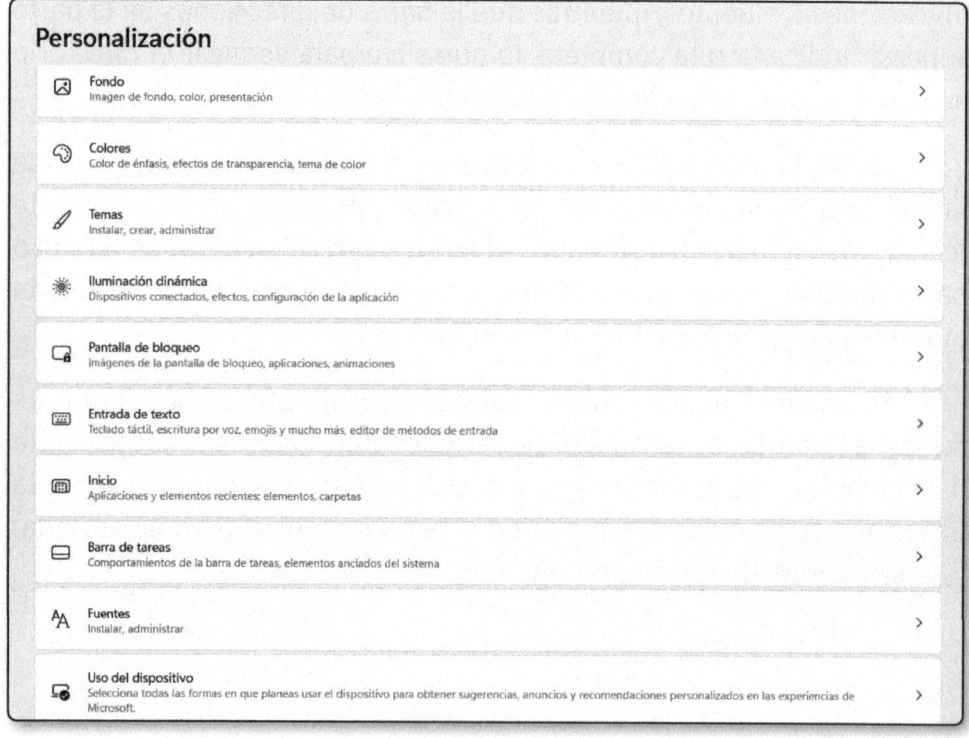

La adaptación de la interfaz a preferencias personales se logra mediante la configuración de fondos de pantalla, la elección de temas y el ajuste de la disposición de la barra de tareas. Estas modificaciones se llevan a cabo desde el apartado "**Personalización**", localizado en la sección de Configuración.

Fondo

El apartado de Fondo posibilita modificar la imagen principal del escritorio con fotografías individuales, colores sólidos o presentaciones que rotan periódicamente. Para quienes buscan variedad, puede configurarse un intervalo de tiempo entre cada cambio de fondo, y para aquellos que prefieren la sencillez, se dispone de la opción de un color liso. Esta sección se orienta a personalizar el entorno visual con base en el estilo y las necesidades de cada persona, logrando un escritorio atractivo o minimalista.

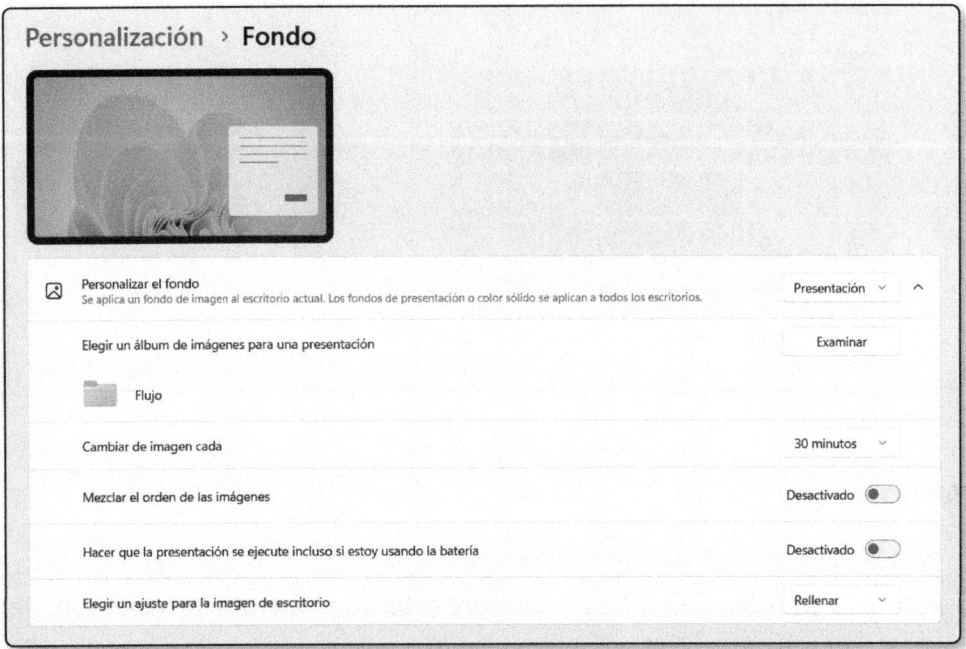

Colores

La sección de Colores brinda control sobre la tonalidad aplicada a la interfaz, eligiendo entre paletas claras, oscuras o personalizadas. A través de ella se determina si las barras de título de las ventanas y la barra de tareas muestran acentos de color, y se habilitan o deshabilitan los efectos de transparencia. Con estas alternativas, se asegura la coherencia estética o la sobriedad en la apariencia general del sistema.

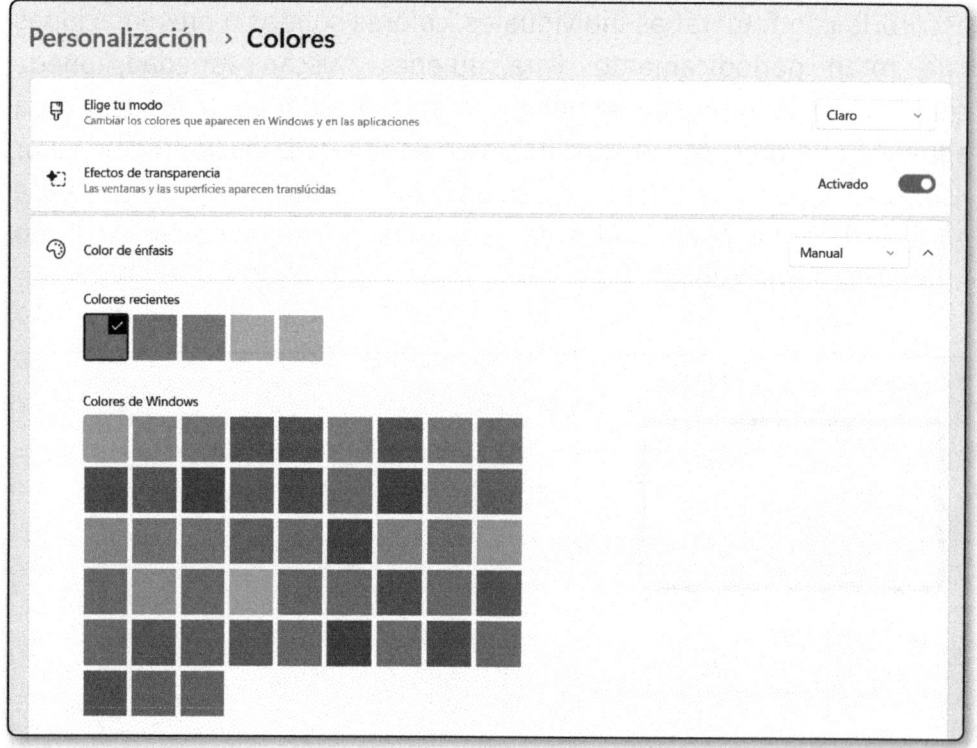

Temas

En Temas se reúnen combinaciones de fondos de pantalla, esquemas de color, sonidos y cursores, lo cual facilita la creación de un estilo unificado. Es posible seleccionar un tema predeterminado o diseñar uno propio al combinar elementos que reflejen gustos personales o requerimientos laborales. Cada tema almacena sus propias configuraciones, permitiendo alternar entre diferentes ambientes sin modificar manualmente cada opción.

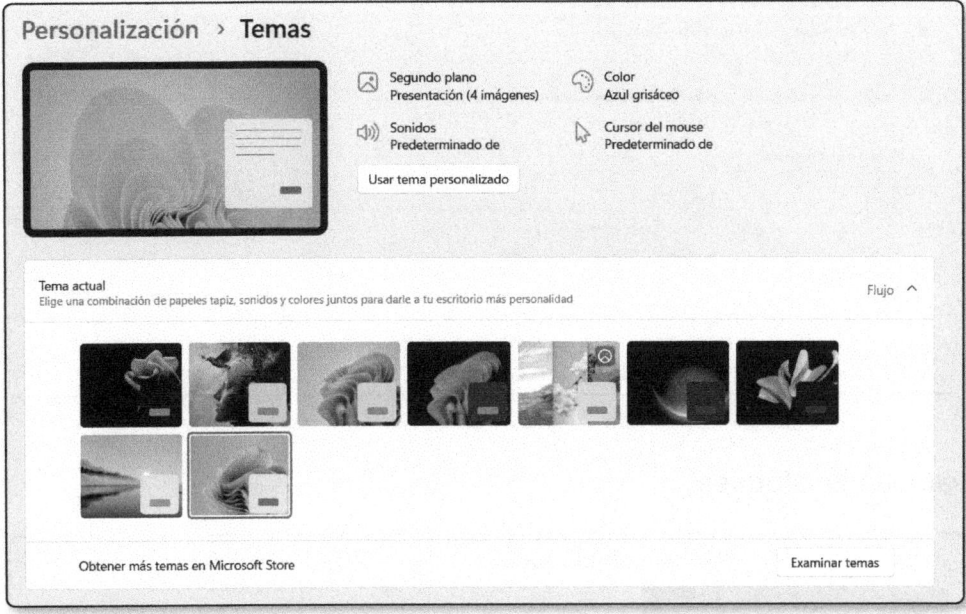

Iluminación dinámica

En la sección de Iluminación dinámica, se gestionan funciones de luz o efectos especiales que aprovechan dispositivos compatibles. Esta herramienta coordina colores, patrones y brillos, ofreciendo un efecto sincronizado con aplicaciones, juegos o eventos del sistema. Se habilitan ajustes de brillo y opciones para permitir a programas en primer plano el control de la iluminación, logrando una experiencia inmersiva y personalizada en pantallas o hardware externo.

Personalización > **Iluminación dinámica**

ℹ️ No se detectó ningún dispositivo compatible con la iluminación dinámica.

Administrar todos los dispositivos con iluminación dinámica

☀️ Usar la iluminación dinámica en mis dispositivos	Activado	⬤
🔲 Las aplicaciones compatibles en primer plano siempre controlan la iluminación	Activado	⬤
⚙️ Control de luz de fondo Permite que otra aplicación controle la iluminación cuando una aplicación o un juego no esté en uso. Las aplicaciones tienen control en el orden que elijas a continuación.		⌄
☼ Brillo Cambiar el brillo de las luces	──────────────●	
🖌 Efectos Elegir temas y efectos de color para la iluminación	Color sólido ⌄	⌄

Más información sobre cómo controlar la iluminación dinámica y la luz de fondo

Pantalla de bloqueo

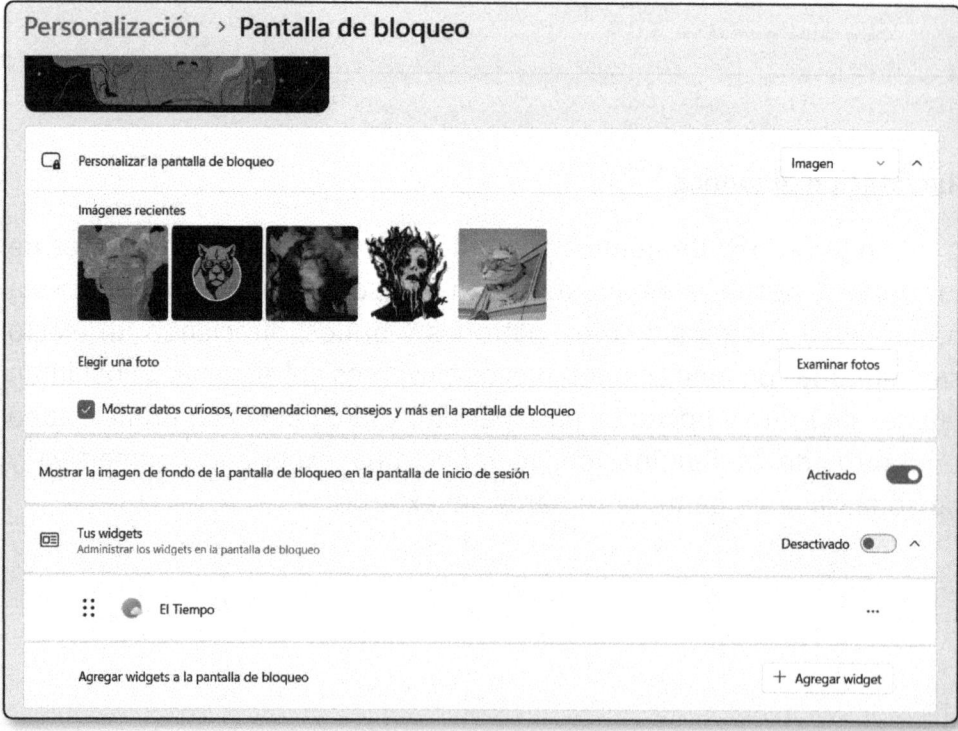

La Pantalla de bloqueo se adapta al gusto del usuario mediante la elección de imágenes de fondo y la posibilidad de mostrar notificaciones de aplicaciones concretas. Además, existe la opción de resaltar datos como la fecha o la previsión meteorológica, incluso antes de iniciar sesión. Este nivel de personalización aporta comodidad y estilo al sistema, al combinar datos de interés con fondos llamativos o minimalistas.

Entrada de texto

En este apartado se define la apariencia y el funcionamiento del teclado virtual y de los métodos de entrada. Se contemplan temas de color, tamaños de teclas e incluso la activación de la escritura por voz. Gracias a estos ajustes, se consigue una experiencia de escritura adecuada en entornos táctiles o con fines de accesibilidad, acoplándose a los requerimientos de diferentes usuarios.

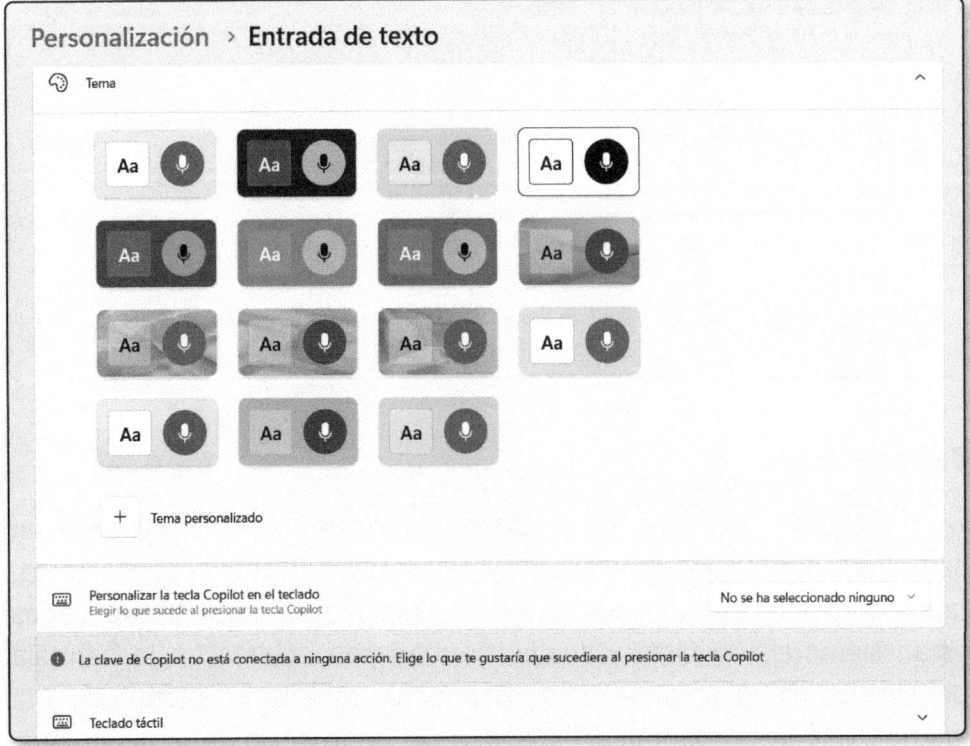

Inicio

La configuración de Inicio abarca la distribución de las aplicaciones recientes, los íconos anclados y las sugerencias que aparecen al pulsar el botón de Windows. Se decide cuántos y cuáles accesos directos mostrar, así como la disposición de las secciones en el menú. Esto da lugar a un uso más eficiente del sistema, dado que se resalta la información más relevante de manera inmediata.

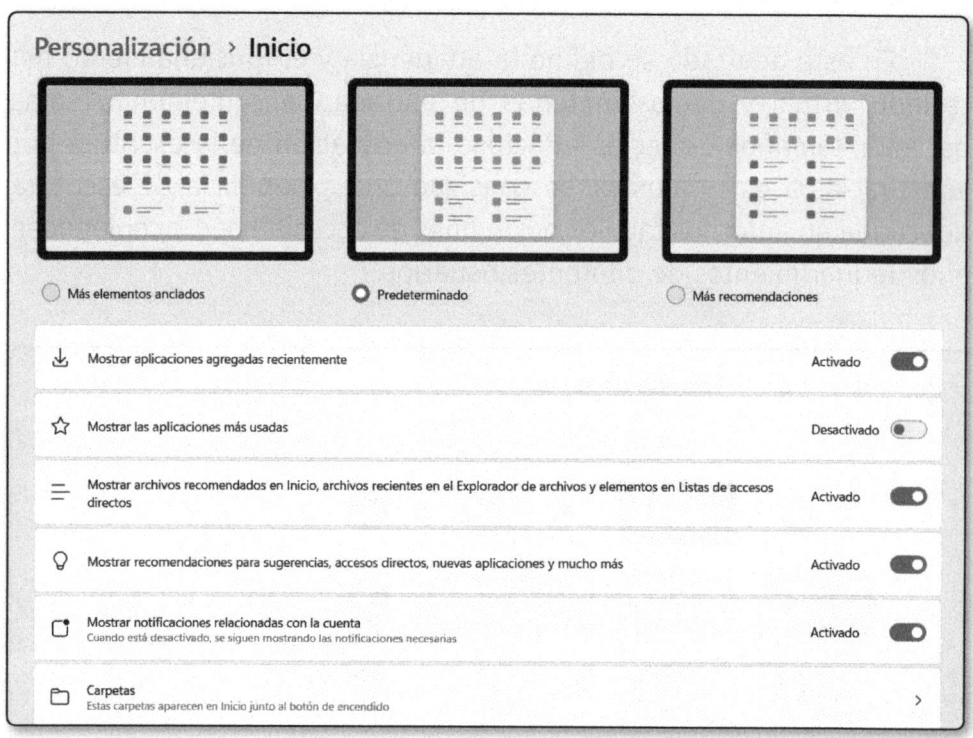

Barra de tareas

La Barra de tareas se ajusta en aspectos como la posición en pantalla, la agrupación de ventanas y la presencia de botones específicos, tales como la búsqueda o los widgets. Es posible seleccionar qué íconos están siempre a la vista y cuáles permanecen ocultos en la bandeja del sistema. Estos parámetros proporcionan un entorno de trabajo a la medida, ya que se adaptan al espacio o a la preferencia de cada persona.

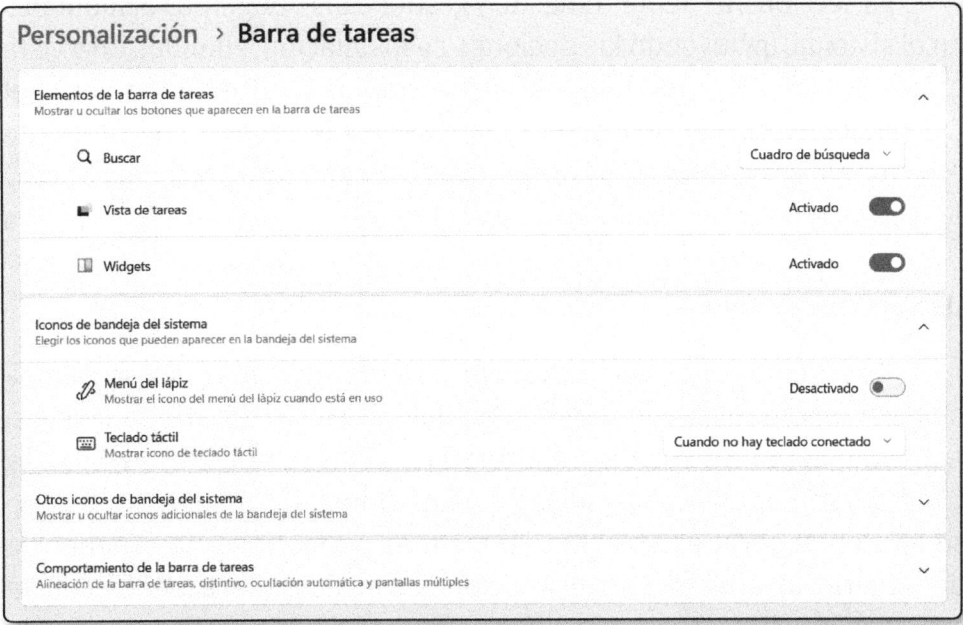

Fuentes

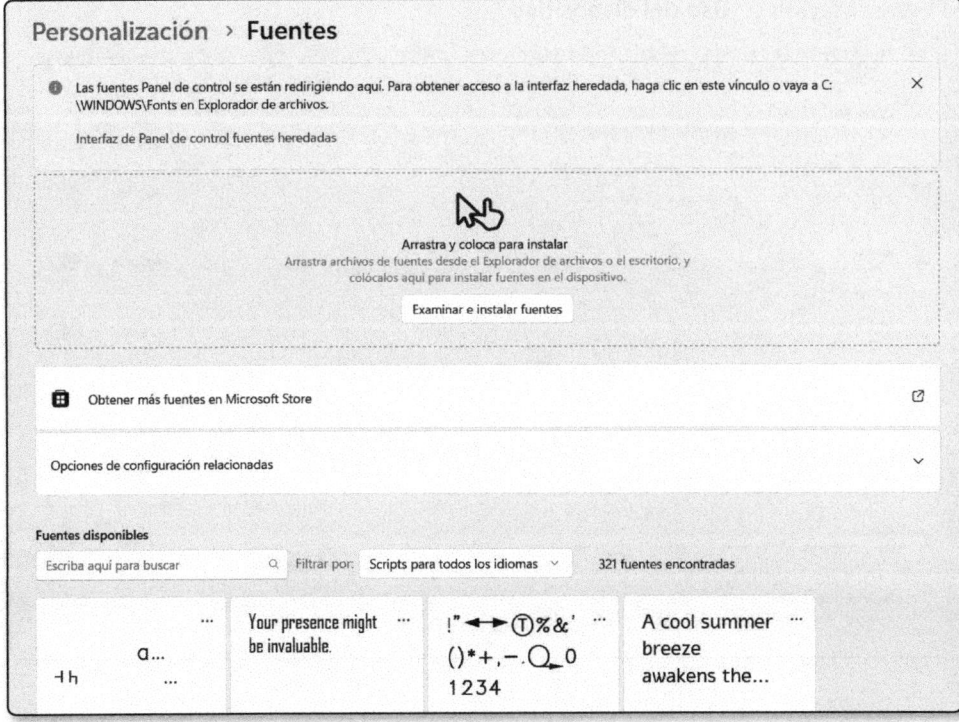

La sección de Fuentes muestra y gestiona las tipografías disponibles en el sistema, incluyendo las opciones de instalación, eliminación y vista previa. Es factible añadir fuentes personalizadas arrastrándolas desde el Explorador de archivos o descargándolas desde la Microsoft Store. De este modo, se garantiza que todos los documentos, presentaciones y proyectos reflejen un estilo único y coherente.

Uso del dispositivo

Por último, Uso del dispositivo permite indicar cómo se planea emplear el equipo, con categorías que abarcan desarrollo, juegos, entretenimiento o estudio, entre otras. Estas elecciones ayudan a Windows a proponer sugerencias, notificaciones y configuraciones que se ajusten al perfil establecido. La meta es perfeccionar la experiencia de usuario al ofrecer recomendaciones prácticas de acuerdo con la actividad principal.

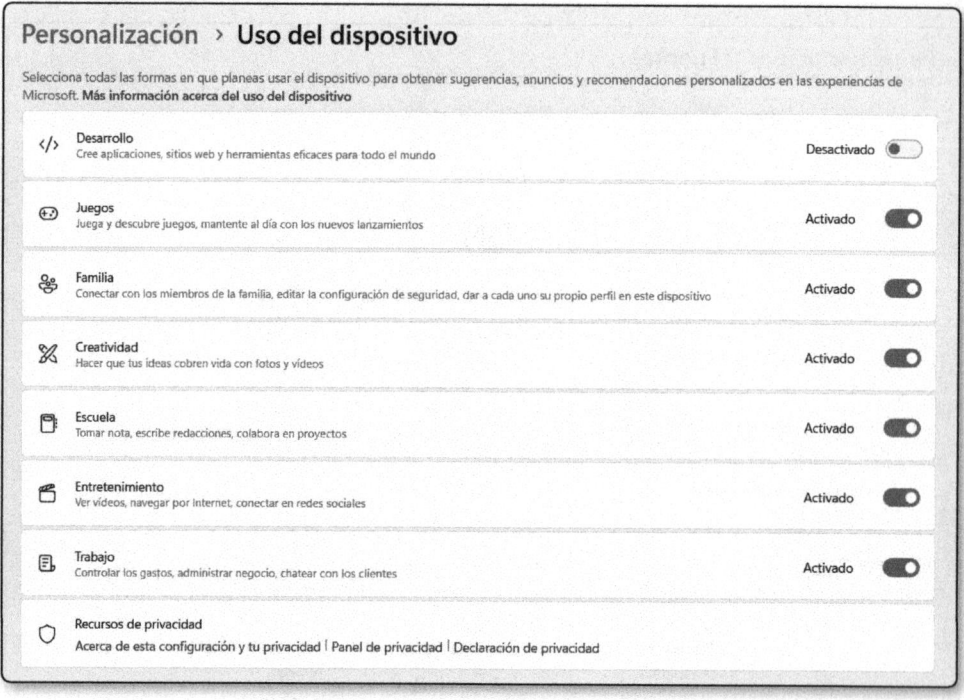

1.5 CREACIÓN Y GESTIÓN DE CUENTAS DE USUARIO

La administración de cuentas de usuario en Windows 11 asegura un entorno organizado y seguro. Existe la posibilidad de crear perfiles de tipo administrador y estándar, cada uno con permisos específicos y adecuados para diferentes propósitos. El administrador dispone de facultades para instalar software, configurar el sistema y supervisar la seguridad, mientras que el usuario estándar goza de permisos más restringidos que evitan ajustes imprevistos o modificaciones críticas. Es aconsejable asignar contraseñas robustas y actualizarlas de manera periódica para proteger la integridad de la información y los recursos disponibles en el equipo.

El panel de Configuración contiene todas las opciones necesarias para añadir nuevas cuentas, tanto locales como vinculadas a Microsoft. Este último enfoque permite sincronizar preferencias y archivos en distintos dispositivos. El proceso de creación consiste en ingresar datos básicos y, si se desea, una contraseña o un PIN. Posteriormente, se accede a la sección de Cuentas para definir el tipo de rol asignado a cada perfil.

La administración de cuentas de usuario en Windows 11 facilita la organización y el control de actividades dentro de un mismo equipo. Esta tarea admite la creación de perfiles locales o vinculados a Microsoft, lo que permite sincronizar configuraciones y documentos en varios dispositivos. Para empezar, se ingresa al menú de Configuración y se selecciona la sección "Cuentas".

En este espacio, el sistema presenta la opción de añadir un perfil nuevo al pulsar "Otros usuarios".

Luego, se elige "Agregar cuenta" y aparece la disyuntiva de iniciar sesión con una cuenta de Microsoft o generar una local, la cual opera de manera independiente del servicio de sincronización en la nube.

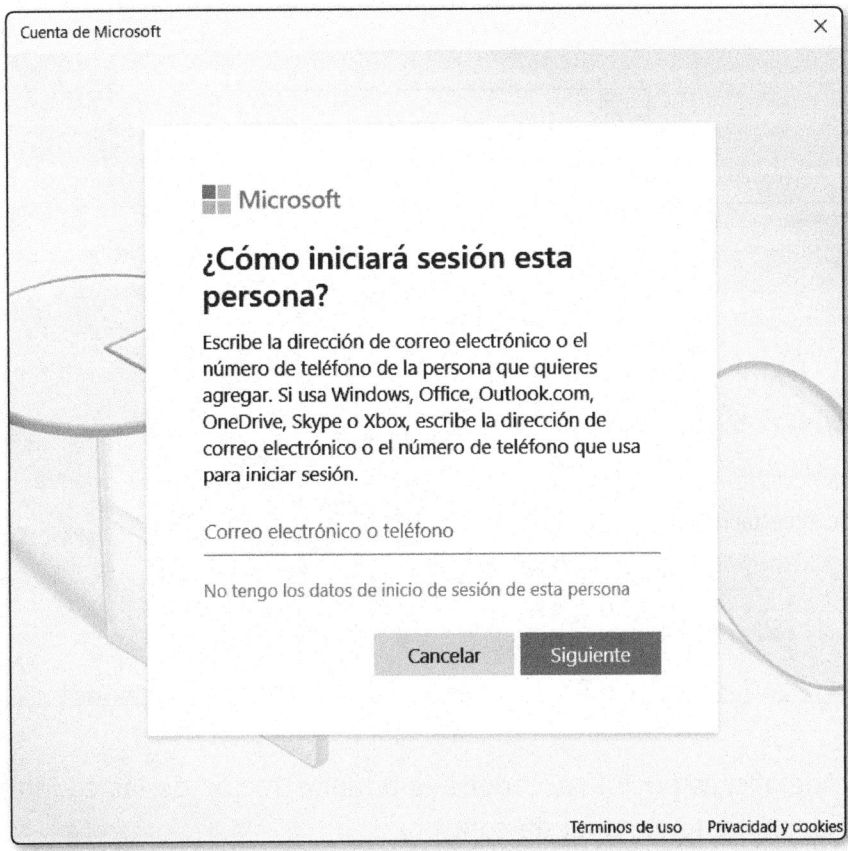

Tras crear el perfil, puede asignarse la categoría de administrador si se precisa acceso a la instalación de programas y ajustes avanzados, o estándar cuando se requiere restringir privilegios.

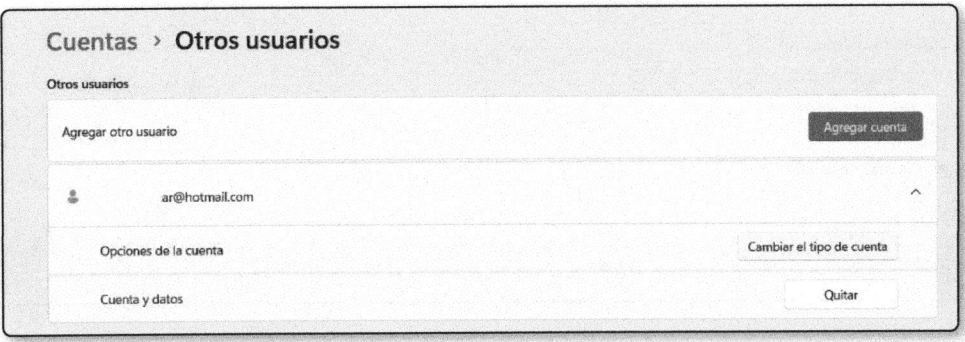

La gestión de roles se realiza al pulsar el botón "Cambiar tipo de cuenta".

Además, es posible acceder a la administración de las cuentas de usuario mediante el panel de control:

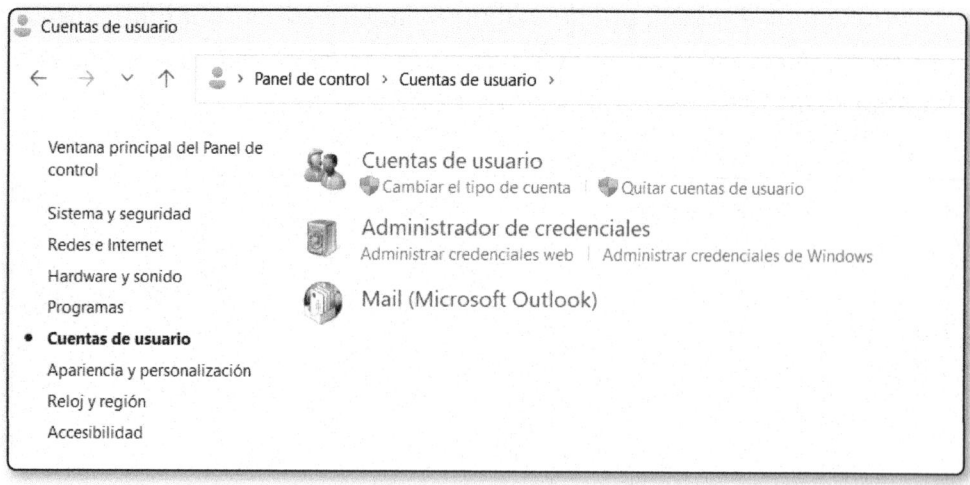

En caso de que surjan inconvenientes de acceso, resulta práctico dirigirse a "Opciones de inicio de sesión", donde se ofrece la posibilidad de configurar métodos alternativos, tales como la autenticación biométrica o un PIN de seguridad.

Opciones de inicio de sesión

Configuración del sistema

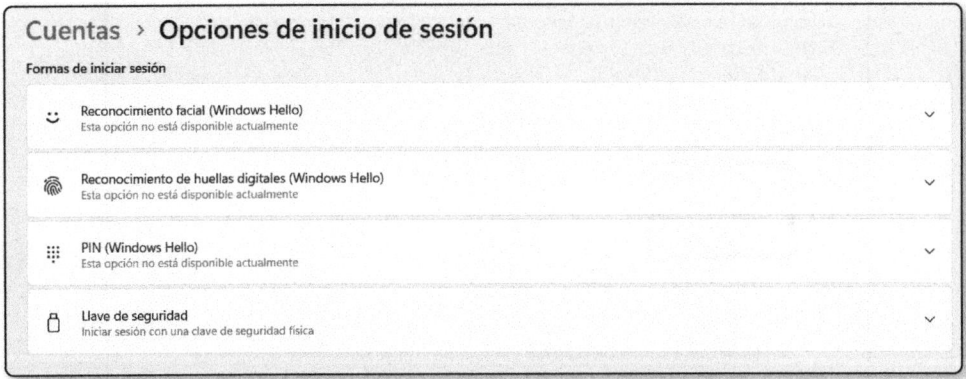

Esta estructura brinda un ambiente ordenado en el que cada usuario dispone de su propio espacio personalizado, manteniendo la confidencialidad y el resguardo de la información.

1.6 REALIZACIÓN DE COPIAS DE SEGURIDAD: TIPOS Y SOPORTES RECOMENDADOS

La copia de seguridad representa un mecanismo de prevención ante fallos de hardware, ciberataques o errores humanos. Un método completo y sistemático involucra la duplicación periódica de toda la información fundamental en un soporte alterno, como discos duros externos o servidores dedicados.

Copias de seguridad de Windows

Sistema

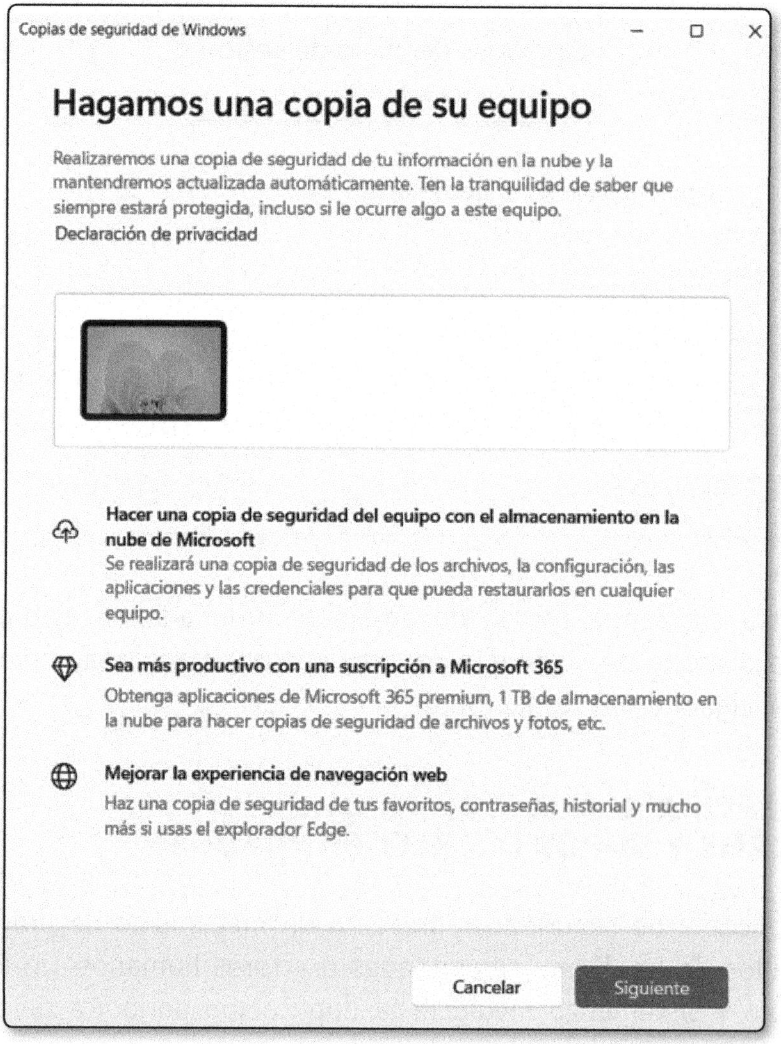

Copias de seguridad de Windows   —   □   ✕

Hagamos una copia de su equipo

Realizaremos una copia de seguridad de tu información en la nube y la mantendremos actualizada automáticamente. Ten la tranquilidad de saber que siempre estará protegida, incluso si le ocurre algo a este equipo.
Declaración de privacidad

Hacer una copia de seguridad del equipo con el almacenamiento en la nube de Microsoft
Se realizará una copia de seguridad de los archivos, la configuración, las aplicaciones y las credenciales para que pueda restaurarlos en cualquier equipo.

Sea más productivo con una suscripción a Microsoft 365
Obtenga aplicaciones de Microsoft 365 premium, 1 TB de almacenamiento en la nube para hacer copias de seguridad de archivos y fotos, etc.

Mejorar la experiencia de navegación web
Haz una copia de seguridad de tus favoritos, contraseñas, historial y mucho más si usas el explorador Edge.

Cancelar   Siguiente

Sincronizar su cuenta de Microsoft con Windows

Puedes elegir que la información guardada en tu cuenta de Microsoft esté disponible en Windows. Los cambios que realices en Windows también se sincronizarán con tu cuenta y estarán disponibles en otros productos de Microsoft. Esto significa:

- Realizaremos una copia de seguridad de las aplicaciones, la configuración y las contraseñas guardadas para Windows en la nube para que puedas restaurarlas desde cualquier equipo
- Puede sincronizar información importante, como sus preferencias, aplicaciones ancladas y diccionario personalizado en todos los dispositivos
- Encontrará aplicaciones y archivos más rápidamente con recomendaciones basadas en su actividad

Si decide no sincronizar, algunas características, incluida la copia de seguridad de Windows, no estarán disponibles. Puede cambiar de opinión más adelante en account.microsoft.com/privacy.

Más información

Sí, sincronizar	**No, no sincronizar**

Copia de seguridad en Windows

Existen varias modalidades, entre ellas la copia completa, que almacena la totalidad de los datos, y la incremental, enfocada en los archivos modificados tras la última copia. Esta segunda opción reduce el tiempo y el espacio necesario, aunque depende de una copia base que agrupe todos los documentos.

Los soportes recomendados abarcan unidades USB, discos duros externos, servicios de almacenamiento en la nube y sistemas de respaldo en red. Al escoger la alternativa que se adapte mejor a las circunstancias, se recomienda evaluar la capacidad de almacenamiento, la velocidad de acceso y el nivel de cifrado disponible.

Ejemplo

▸ Estudiante con pocos archivos de tareas y documentos de clase:

En este contexto, la carga de trabajo suele concentrarse en proyectos puntuales o documentos de texto, acompañados de presentaciones y archivos ligeros. La mejor solución corresponde a un dispositivo USB de buena calidad, gracias a su portabilidad y facilidad de uso. El estudiante puede transportarlo de casa a la universidad y trabajar en diferentes equipos sin depender de la conexión a internet. Al concluir cada proyecto, se sugiere respaldar la información tanto en la unidad USB como, de ser posible, en un servicio en la nube para evitar cualquier situación imprevista.

▸ Pequeño negocio que maneja planes de marketing y documentos contables:

Una organización de esta índole acostumbra a almacenar hojas de cálculo, contratos y planes de negocio. La necesidad principal radica en un espacio moderado y una cierta garantía de accesibilidad. El uso de un disco duro externo bien estructurado, con una carpeta para cada área del negocio, es una alternativa recomendable. Este método permite conservar copias completas y programar respaldos sin dependencia de la velocidad de la red. Asimismo, se recomienda cifrar la unidad para resguardar datos sensibles de clientes o proveedores.

▸ Desarrollador de software con grandes volúmenes de repositorios y herramientas:

Los repositorios de código y entornos de desarrollo pueden alcanzar un tamaño considerable, sobre todo al gestionar bibliotecas o recursos multimedia. Para este contexto, un servicio de almacenamiento en la nube representa una opción idónea, siempre que la conexión a internet sea estable y veloz. Este sistema permite sincronizar proyectos en tiempo real y colaborar con otros programadores ubicados en diferentes lugares. No obstante, es aconsejable disponer de una copia local en un disco duro externo, por si se produce un corte de internet o un incidente en el servicio remoto.

▼ Fotógrafo profesional con archivos RAW y catálogos de edición:

En este caso, la cantidad y el peso de los archivos suelen resultar muy elevados, pues se manejan imágenes de alta resolución que exigen espacio y velocidad. Los discos duros externos de alta capacidad y buena velocidad de lectura/escritura son el método preferente. Es conveniente mantener al menos un dispositivo dedicado exclusivamente a los respaldos, gestionado de forma periódica tras cada sesión fotográfica. Además, se sugiere explorar soluciones en la nube que otorguen espacio adicional para copias secundarias, especialmente útiles cuando se necesita compartir el material con clientes o colaboradores.

▼ Pequeña empresa con datos alojados en una red local:

Un entorno corporativo, aunque sea de dimensiones reducidas, requiere un grado de centralización para el intercambio de archivos entre empleados. Un sistema de respaldo en red ofrece la oportunidad de que varios usuarios trabajen en la misma plataforma y guarden la información en un lugar único, regulado por contraseñas y permisos de acceso. Una opción de servidor NAS (Network Attached Storage) facilita programar copias periódicas y controlar la asignación de espacio, a la vez que garantiza el resguardo en un hardware supervisado.

▶ Usuario que viaja con frecuencia y transporta documentos confidenciales:

Cuando se requiere movilidad y confidencialidad, un disco duro externo o USB con cifrado incluido resulta de utilidad. Este enfoque previene accesos no autorizados en caso de pérdida o sustracción. Asimismo, se recomienda realizar respaldos complementarios en la nube, con el propósito de tener un duplicado accesible si el dispositivo físico queda fuera de alcance. Este método doble combina portabilidad y protección de datos.

▶ Profesional creativo que colabora con un equipo remoto:

Los proyectos creativos, como diseños gráficos o ediciones de video, implican múltiples revisiones y actualizaciones coordinadas con colegas situados en lugares distintos. El uso de servicios de almacenamiento en la nube favorece la coedición y el intercambio inmediato de archivos. En esta situación, se resalta la importancia de optar por una plataforma con control de versiones y la capacidad de compartir vínculos de manera rápida. El respaldo periódico en un disco duro externo complementa el mecanismo en línea, aportando una salvaguarda ante posibles eventualidades de conexión.

▶ Usuario doméstico que guarda recuerdos familiares, fotos y videos:

Esta persona suele buscar un espacio confiable donde almacenar imágenes de eventos personales y grabaciones de ocasiones especiales. Una manera adecuada de resguardar estos archivos consiste en utilizar un disco duro externo, escogiendo uno con buena capacidad para abarcar varios años de memorias. Resulta aconsejable combinarlo con un servicio en la nube que permita la exhibición y el acceso a las imágenes desde diferentes dispositivos, aunque la versión física en casa se encargue de respaldar todo el contenido de manera local.

▼ Departamento de TI en una compañía mediana:

Para un equipo técnico, la fiabilidad es un componente primario, ya que gestiona las bases de datos y el servidor de la empresa. Un respaldo en red con redundancia y cifrado se traduce en un enfoque sólido. En este escenario, se pueden combinar copias locales, guardadas en un conjunto de discos duros externos, con un sistema de respaldo en la nube administrado por la organización. Esto protege contra percances naturales, fallos masivos de hardware y posibles brechas de seguridad, además de facilitar la restauración en caso de incidentes.

▼ Organización académica que intercambia gran cantidad de documentos entre personal docente y administrativo:

Los institutos y universidades trabajan con numerosas actas, guías de estudio, trabajos y registros. Un servicio de respaldo en la nube que soporte acceso multiusuario y permisos compartidos resulta sumamente eficiente. Si la estructura de la institución lo permite, la implementación de servidores en red con sincronización automática otorga un flujo de trabajo centralizado, manteniendo un control riguroso de la información generada. Además, se recomienda un almacenamiento físico (disco duro externo o NAS) destinado a copias de seguridad de largo plazo, para casos de auditoría y conservación histórica de datos.

Programar respaldos automáticos contribuye a evitar descuidos y conserva la información en repositorios seguros, lo cual resulta especialmente valioso al manejar datos empresariales o personales de alta relevancia. Además, conviene verificar la integridad de las copias de manera ocasional, para tener la certeza de que siguen vigentes y listas para su recuperación en caso de necesidad.

1.7 OPERACIONES BÁSICAS EN RED

El funcionamiento en redes locales permite la colaboración y el intercambio de información de forma rápida y estructurada. La interacción con recursos compartidos fomenta la productividad y garantiza un acceso simplificado a documentos o aplicaciones compartidas. Para ello, Windows 11 ofrece funciones que facilitan la identificación y vinculación con otros equipos, servidores o unidades de almacenamiento dedicadas dentro de la red.

1.7.1 Conexión a recursos compartidos y unidades de red

La conexión a recursos compartidos se lleva a cabo mediante una dirección de red (por ejemplo, \servidor\carpeta) que identifica el destino al que se desea acceder. Si se desea mapear dicha ubicación para acceder a ella como si fuera una carpeta local, se abre el Explorador de archivos y se utiliza la opción de "Conectar unidad de red".

Después, se elige una letra para asignar a la unidad, así como la ruta de acceso correspondiente:

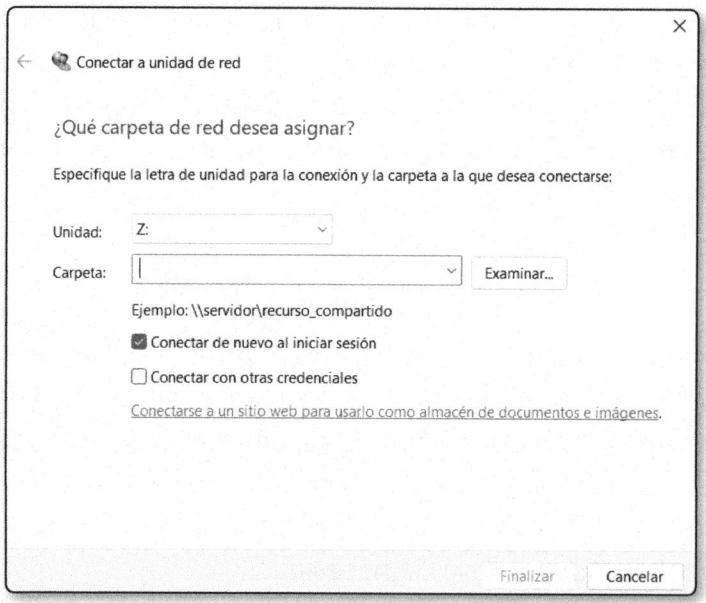

El sistema pide credenciales si el recurso está protegido, reforzando la seguridad y la trazabilidad del uso que se hace de esos datos. Al concluir este proceso, la carpeta remota aparece integrada de forma similar a las carpetas tradicionales, lo que simplifica el trabajo con la información almacenada en ella.

Para acceder a carpetas o impresoras compartidas, se procede a abrir el Explorador de archivos y ubicar la opción "Red" en la barra lateral izquierda. Al pulsar dicho elemento, se listan los dispositivos visibles en la red local, y al hacer doble clic sobre el equipo deseado, se exploran las carpetas que este ha habilitado para uso compartido.

1.7.2 Interacción con carpetas y archivos en red

Una vez establecida la conexión, las acciones dentro de estos directorios funcionan de modo comparable a las carpetas locales. Se pueden crear, eliminar o modificar documentos siguiendo el patrón convencional: clic derecho para desplegar menús, atajos de teclado para copiar (Ctrl + C), mover (Ctrl + X) o pegar (Ctrl + V).

Sin embargo, si varios usuarios editan simultáneamente un mismo archivo, pueden surgir conflictos de versión. Para evitar discrepancias, ciertos entornos implementan software especializado que controla bloqueos de acceso o realiza un control de versiones, manteniendo la coherencia en archivos colaborativos.

También se puede activar la función de "archivos sin conexión" en el Explorador de archivos, lo que posibilita conservar copias locales que se sincronizan una vez que se retoma la conexión de red.

Para ello:

Ir al "Centro de sincronización":

Al entrar en el "Centro de sincronización", encontrarás en la barra lateral izquierda la opción "Administrar archivos sin conexión":

- **Ver perfiles de sincronización**

  Ver conflictos de sincronización

  Ver resultados de la sincronización

  Configurar nuevos perfiles de sincronización

  Administrar archivos sin conexión

Dentro de "Archivos sin conexión", hay un botón que indica "Habilitar archivos sin conexión" o "Activar". Presiónalo y, después, pulsa "Aceptar" o "Aplicar". Es posible que se requiera un reinicio para que la función entre en vigor.

Una vez reiniciado el equipo (en caso de que se solicite), regresa al Explorador de archivos para localizar la carpeta o unidad de red compartida a la que quieras acceder sin conexión.

Haz clic derecho sobre la carpeta, elige la opción "Siempre disponible sin conexión" (Always available offline) o busca la sección de "Sincronizar" o "Hacer disponible sin conexión".

El sistema comenzará a copiar los archivos o carpetas seleccionadas a la caché local. Una vez terminado el proceso, las carpetas marcadas aparecerán con un icono que indica que están preparadas para usarse sin conexión.

Si en algún momento se pierde la conexión a la red principal, se podrá continuar trabajando con los documentos almacenados de forma local. Al restablecer la conexión, los cambios se sincronizan de manera automática, manteniendo la coherencia entre la versión local y la versión en el servidor o carpeta de red.

Esta técnica beneficia a quienes necesitan continuidad laboral fuera del alcance de la red principal y luego requieren actualizar los cambios al reconectarse, asegurando la integridad y la disponibilidad de los datos en equipo o dispositivo.

2

Organización y archivo funcional de documentación administrativa

Se aborda el archivo como parte esencial de la gestión empresarial, destacando su finalidad, importancia y diversas modalidades, como el archivo centralizado o mixto. Asimismo, se explica la elección de los equipos y materiales necesarios para un archivo eficiente, el mantenimiento y la normativa asociada a la conservación y la destrucción de documentos, siempre bajo parámetros de confidencialidad y seguridad de la información.

2.1 COMPRENSIÓN DEL ARCHIVO EN LA EMPRESA

El archivo corporativo se concibe como un sistema dinámico que acompaña al documento desde su generación hasta su eliminación o transferencia histórica. Su propósito abarca la conservación de la memoria institucional, la garantía de la trazabilidad de cada procedimiento y el soporte a la toma de decisiones basada en evidencias.

Al integrar directrices de clasificación, valoración y acceso, se fomenta la coherencia entre las actividades diarias y los requisitos legales vigentes, al tiempo que se optimiza la disponibilidad de la información.

Ciclo de vida de la gestión de documentos

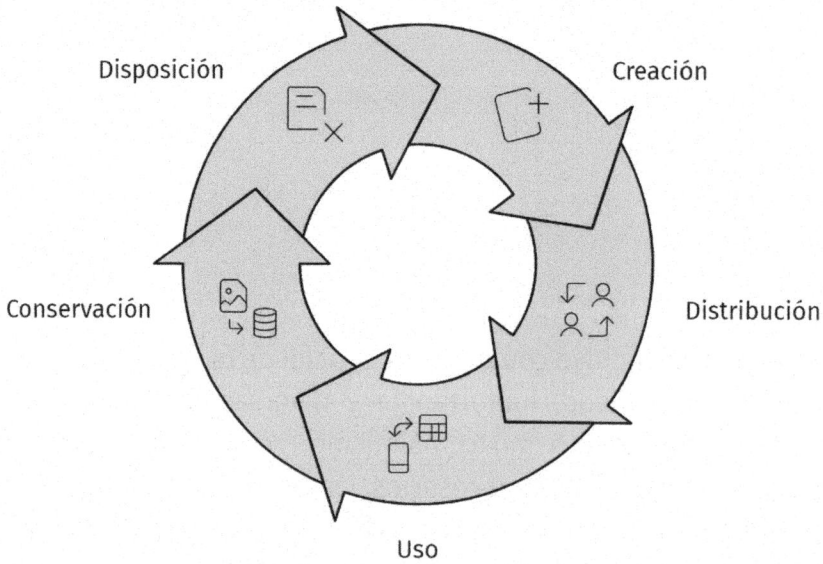

Cada fase del ciclo de vida documental —creación, distribución, uso, conservación y disposición final— se enlaza con políticas que aseguran la continuidad operativa, la transparencia y el cumplimiento normativo.

2.1.1 Finalidad y relevancia del archivo documental

La finalidad esencial del archivo consiste en custodiar documentos que respalden los derechos de la organización, de sus trabajadores y de terceros.

En este contexto, la relevancia se manifiesta mediante la agilización de consultas, la disminución de costes derivados de la búsqueda de información y la reducción de riesgos asociados a la pérdida o manipulación indebida de datos.

El papel integral del archivo

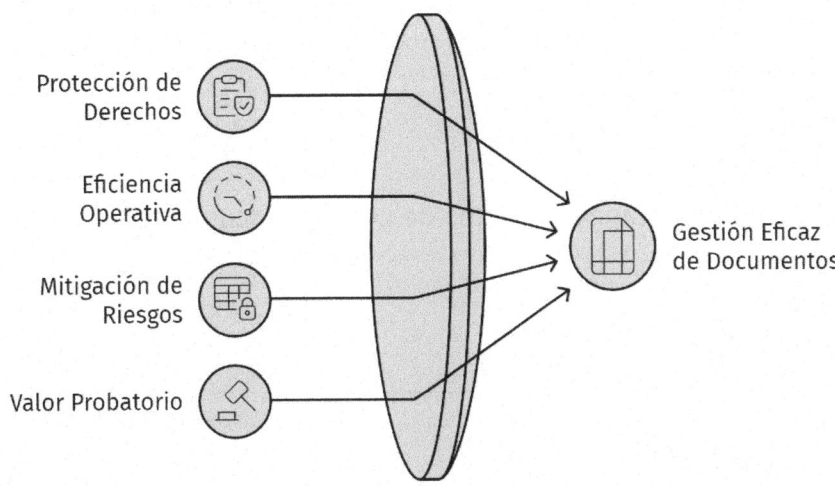

Asimismo, el archivo actúa como herramienta de defensa en procesos administrativos o judiciales, al proporcionar pruebas fehacientes sobre la actividad empresarial. Este valor probatorio requiere políticas de seguridad física y digital, un cuadro de clasificación coherente y un calendario de conservación que delimite plazos, garantizando que el expediente exacto se encuentre disponible cuando la normativa o la gestión lo demande.

2.1.2 Tipologías: archivo centralizado, descentralizado y mixto

El **modelo centralizado** concentra la documentación en un único depósito físico o virtual. Esta fórmula favorece la estandarización de procesos, facilita la supervisión y mejora la economía de escala en equipamiento y personal especializado. Sin embargo, la distancia geográfica entre el archivo y los usuarios puede ampliar los tiempos de respuesta y generar cuellos de botella en organizaciones con sedes dispersas.

El **esquema descentralizado** asigna a cada departamento la responsabilidad de conservar sus propios expedientes. Este enfoque incrementa la inmediatez en la consulta y refuerza la responsabilidad directa sobre la información, aunque conlleva riesgos de duplicación, criterios dispares de clasificación y mayor consumo de espacio o infraestructura.

Comparando modelos de gestión documental

El **modelo mixto** integra las ventajas de ambos sistemas: un fondo común destinado a los documentos inactivos o de conservación permanente, y depósitos de área para la documentación en uso frecuente. De este modo, se logra equilibrio entre rapidez de acceso y control normativo, al tiempo que se posibilita la implementación de software de gestión documental que armonice las taxonomías en todas las unidades administrativas.

2.2 SELECCIÓN DE EQUIPOS Y MATERIALES PARA ARCHIVO

La elección de equipos y materiales se define con base en el volumen documental, el soporte (papel o digital) y las condiciones ambientales requeridas.

Estrategias de gestión de archivos

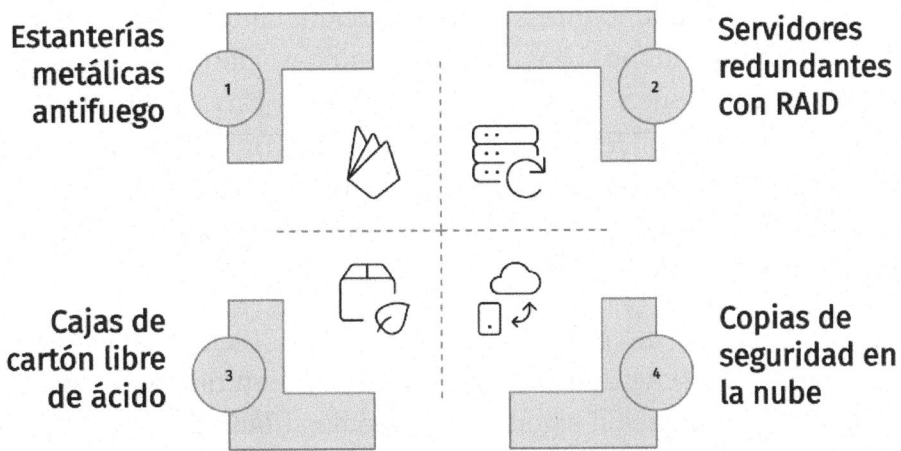

Estanterías metálicas antifuego

Servidores redundantes con RAID

Cajas de cartón libre de ácido

Copias de seguridad en la nube

En archivos físicos, se recomiendan estanterías metálicas con tratamiento antifuego y cajoneras deslizantes que aprovechen la altura del local, reduciendo pasillos fijos. Las cajas y carpetas, preferiblemente de cartón libre de ácido, preservan la integridad del papel al impedir la migración de sustancias nocivas. Para planos o documentos de gran formato se opta por gavetas horizontales que evitan dobleces.

En el ámbito digital, se recurre a servidores redundantes con alimentación ininterrumpida, matrices de discos configuradas en niveles RAID y copias externas periódicas en cintas LTO o en nubes certificadas por normas internacionales de seguridad de la información. El equipamiento se complementa con sistemas de climatización que mantengan temperatura y humedad estables, sensores de partículas para detectar riesgos biológicos y estaciones de limpieza con cepillos suaves y aspiración filtrada. La incorporación de lectores RFID o códigos de barras agiliza los procesos de préstamo y devolución, mientras que los escáneres planetarios permiten convertir fondos en imágenes de alta resolución sin dañar encuadernaciones antiguas.

Nota

Un servidor redundante con alimentación ininterrumpida describe una configuración donde dos o más máquinas idénticas trabajan en paralelo, de modo que si una falla la otra asume la carga sin interrupción; la energía llega a través de un sistema UPS (Uninterruptible Power Supply) que contiene baterías capaces de suministrar corriente durante cortes eléctricos y da tiempo para arrancar generadores o apagar el equipo con seguridad.

Las matrices de discos en niveles RAID (Redundant Array of Independent Disks) agrupan varios discos duros en un conjunto lógico y reparten la información siguiendo esquemas (RAID 0, 1, 5, 6, 10, entre otros) que priorizan desempeño, tolerancia a fallos o ambos aspectos; si un disco se avería, los datos permanecen accesibles porque la paridad o la réplica reside en los discos restantes.

Las copias externas en cintas LTO (Linear Tape-Open) consisten en guardar los ficheros en cartuchos magnéticos de gran capacidad que se almacenan fuera del sistema principal; la cinta, al permanecer desconectada de la red, protege frente a ransomware y ofrece ciclos de vida superiores a los de los discos convencionales, siendo apta para archivos de conservación prolongada.

Las nubes certificadas según normas internacionales de seguridad de la información se refieren a servicios que cuentan con acreditaciones como ISO 27001 o SOC 2; dichas certificaciones obligan al proveedor a mantener controles estrictos de confidencialidad, disponibilidad e integridad mediante auditorías externas periódicas y cifrado de extremo a extremo en tránsito y en reposo.

Los sistemas de climatización para archivos regulan temperatura y humedad con precisión (habitualmente 18-22 °C y 45-55 % HR) a través de unidades HVAC dotadas de filtros HEPA y alarmas; su misión es reducir la expansión de hongos, la corrosión de soportes metálicos y la deformación del papel o los discos ópticos, preservando la calidad documental.

Los sensores de partículas miden en tiempo real la concentración de polvo, esporas y otros microrganismos en suspensión; al superar un umbral predefinido, envían avisos para que el personal investigue filtraciones de aire o focos de contaminación biológica que podrían dañar encuadernaciones, películas fotográficas o placas electrónicas.

Las estaciones de limpieza con cepillos suaves y aspiración filtrada proporcionan una superficie antiestática donde se retira suciedad antes de archivar o digitalizar; los cepillos de pelo natural separan residuos sin rayar, mientras que el aspirador equipado con filtros de alta eficiencia captura las partículas desprendidas, evitando su redistribución sobre otros materiales.

Los lectores RFID y de códigos de barras automatizan la identificación de cajas y carpetas: cada contenedor lleva una etiqueta con chip o código impreso; al escanear, el sistema actualiza préstamos, devoluciones y ubicaciones, manteniendo la trazabilidad de los movimientos y reduciendo errores humanos en el inventario.

Por último, los escáneres planetarios emplean una cuna en forma de "V" o superficie plana regulable que sostiene volúmenes delicados bajo una cámara de alta resolución montada en ángulo; la captura se realiza sin presionar el lomo, se evita la exposición prolongada a la luz intensa y se generan imágenes digitales exactas que sustituyen la manipulación física durante las consultas.

2.3 PROCEDIMIENTOS DE FUNCIONAMIENTO Y MANTENIMIENTO

El funcionamiento ordinario se apoya en un manual que describe la recepción de documentos, la clasificación según el cuadro autorizado y la asignación de signaturas únicas.

Procedimientos de funcionamiento

 Verificación de Documentos

Verificación contra el cuadro de clasificación autorizado

 Asignación de Signaturas

Asignación de identificadores únicos a los documentos

 Registro en el Sistema

Entrada de metadatos esenciales en el sistema

 Tramitación de Consultas

Gestión de solicitudes y seguimiento de la cadena de custodia

 Roles Responsables

Autorización, entrega y recepción de documentos

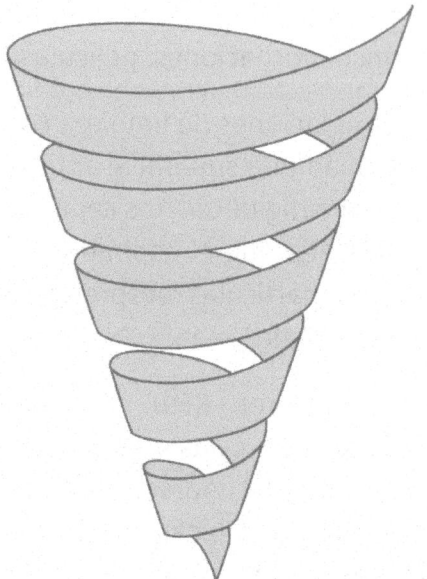

Cada ingreso se registra en un sistema de gestión que enlaza la referencia física o digital con metadatos completos: título, productor, fecha de origen, nivel de acceso y plazo de retención. Para las solicitudes de consulta, se habilitan formularios electrónicos que documentan la cadena de custodia y fijan plazos de devolución.

El mantenimiento comprende revisiones periódicas de estanterías y contenedores, limpieza controlada para prevenir polvo y plagas, inspección de condiciones ambientales y verificación de la legibilidad de soportes digitales.

Proceso de mantenimiento de archivos

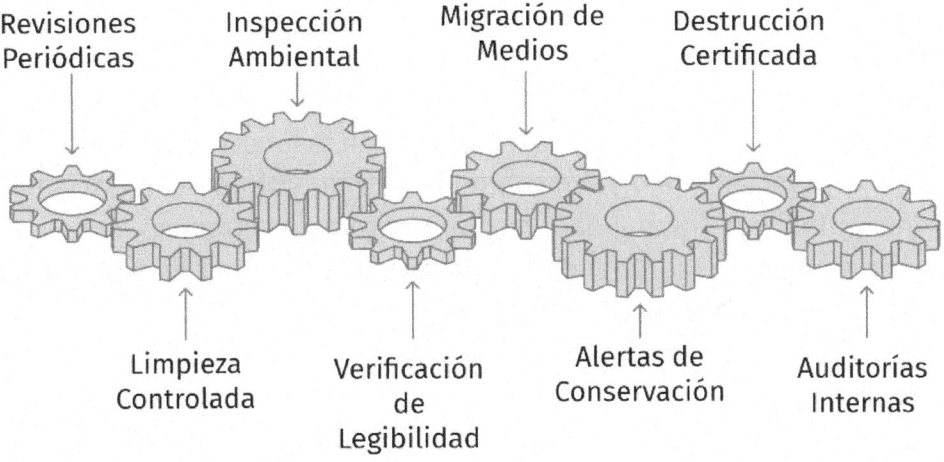

Cuando se detectan medios magnéticos o formatos obsoletos, se procede a la migración a soportes contemporáneos, conservando la autenticidad mediante firmas digitales y registros hash. El calendario de conservación activa alertas automáticas que indican la transferencia de series semiactivas al depósito intermedio o su eliminación segura.

Para la destrucción certificada se emplean trituradoras de microcorte o servicios externos bajo contrato de confidencialidad, con emisión de actas que acreditan el proceso.

Para terminar, se programan auditorías internas que valoran la eficacia de los procedimientos y promueven la mejora continua, garantizando que el archivo mantenga su función estratégica dentro de la organización y cumpla las exigencias legales y operativas que se renuevan con el tiempo.

2.4 APLICACIÓN DEL PROCESO DE ARCHIVO

El proceso de archivo despliega una secuencia lógica que empieza con la recepción del documento y finaliza con su disposición posterior, ya sea la transferencia a un depósito histórico o la eliminación certificada. Su misión consiste en armonizar la continuidad administrativa con la protección de la memoria institucional, siempre bajo una pauta normativa que defina responsabilidades y plazos.

Cada paso incorpora procedimientos normalizados para la descripción, el registro, la digitalización —cuando procede— y la asignación de metadatos que faciliten la recuperación ágil del expediente. De forma transversal, intervienen controles que garantizan la autenticidad, la integridad y la trazabilidad, mediante firmas electrónicas, sellos de tiempo y registros de auditoría capaces de reconstruir la historia de cualquier acción efectuada sobre la información.

2.4.1 Conservación y destrucción según normativa vigente

La conservación documental se regula mediante calendarios que entrelazan requisitos legales, fiscales, laborales y de valor histórico-cultural. La norma ISO 15489-1:2016 dispone que el plazo de retención derive de la función que origina cada serie, mientras que la guía ISO 15489-2:2021 prescribe la revisión periódica de esos calendarios para adaptarlos a cambios normativos y a la evolución de los procesos de negocio.

En el ámbito tributario, el Real Decreto 1619/2012 exige custodiar facturas, justificantes y libros registro durante cuatro años, plazo que coincide con la prescripción establecida en la Ley 58/2003 General Tributaria; el Código de Comercio amplía a seis años la conservación de libros contables, balances y correspondencia.

Cronograma de retención y destrucción documental

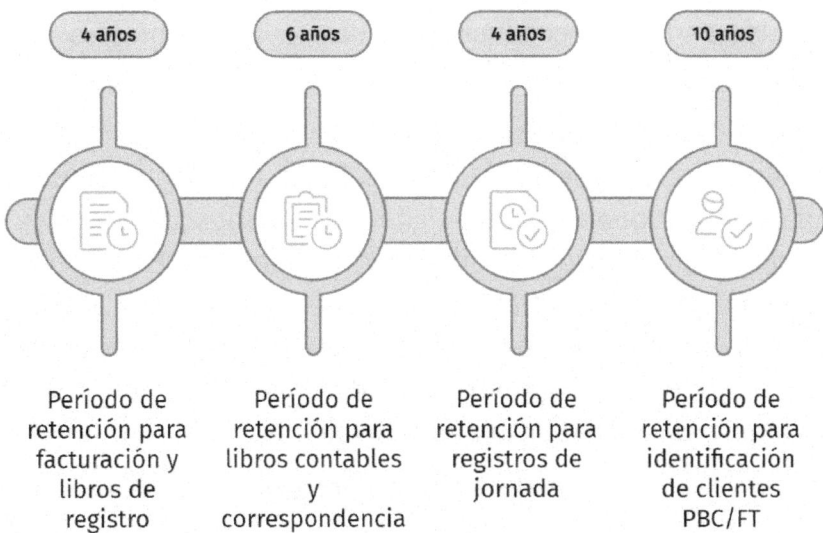

4 años	6 años	4 años	10 años
Período de retención para facturación y libros de registro	Período de retención para libros contables y correspondencia	Período de retención para registros de jornada	Período de retención para identificación de clientes PBC/FT

La normativa laboral (Orden ESS/214/2018) fija en cuatro años el resguardo de los registros de jornada, y la Ley 10/2010 de prevención del blanqueo de capitales extiende a diez años la obligación de conservar la documentación de identificación de clientes y operaciones financieras. En materia de protección de datos, el Reglamento (UE) 2016/679 limita la retención al tiempo estrictamente necesario para la finalidad declarada y, una vez cumplido, la Ley Orgánica 3/2018 ordena bloquear los datos, dejándolos accesibles solo a autoridades competentes hasta que prescriban las responsabilidades asociadas.

La preservación electrónica descansa en repositorios certificados conforme a ISO 14721:2015 (OAIS) y ISO 16363:2020. Estos estándares exigen emplear formatos abiertos y autodocumentados —por ejemplo, PDF/A-2 para textos y TIFF 6.0 para imágenes—, programar migraciones controladas registradas en un plan de preservación, aplicar sumas de verificación SHA-256 de forma periódica y mantener una replicación geográfica con al menos tres copias independientes.

En la Administración española, el Real Decreto 203/2021 obliga a custodiar expedientes electrónicos en plataformas que cumplan el Esquema Nacional de Seguridad (ENS), nivel medio o alto, además de emitir sellos de tiempo cualificados cada vez que se firma o migra un documento, lo que refuerza la integridad y la trazabilidad a largo plazo.

La fase de destrucción se inicia cuando el expediente ha agotado su ciclo operativo y carece de valor histórico. El procedimiento se documenta mediante un acta que relaciona signaturas y series afectadas, firmada por la unidad de archivo y la autoridad competente. Para soportes en papel se emplean trituradoras de microcorte que reducen el material a tiras inferiores a cinco milímetros o prensas con compactación vigilada; los soportes ópticos y magnéticos se desmagnetizan con equipos de campo intenso o se pulverizan mecánicamente.

El ENS y el estándar NIST 800-88 definen niveles de sanitización digital que van del borrado lógico con sobreescritura múltiple a la destrucción física de los discos. La trazabilidad integral del proceso queda consignada en el sistema de gestión documental, de modo que la organización pueda demostrar cumplimiento durante auditorías internas, inspecciones fiscales o procedimientos judiciales.

2.4.2 Garantías de confidencialidad y seguridad de la información

La confidencialidad se estructura sobre un modelo de acceso escalonado, sustentado en perfiles y permisos vinculados al directorio corporativo. Cualquier solicitud de consulta debe quedar registrada en un circuito de autorización donde la identidad del usuario, el propósito de la consulta y el plazo de uso se validen antes de liberar el expediente.

En el ámbito físico, las áreas de archivo se equipan con cerraduras de alta seguridad, control de presencia mediante tarjetas de proximidad y cámaras con registro continuo; los contenedores de documentación sensible viajan en sobres opacos numerados y sellados, acompañados de un albarán que acredita la cadena de custodia.

En el dominio digital, la seguridad descansa en la autenticación multifactor, el cifrado AES-256 en reposo y TLS 1.3 en tránsito, así como en la segmentación de redes a través de VLAN protegidas por cortafuegos de inspección profunda. Los registros de acceso se alimentan a un SIEM (Security Information and Event Management) que detecta patrones anómalos en tiempo real y dispara alertas a los responsables de seguridad. La continuidad operativa se respalda con almacenamiento redundante en niveles RAID, réplicas remotas y planes de recuperación ante desastres con objetivos de punto (RPO) y de tiempo (RTO) definidos según el impacto en el negocio.

La confidencialidad contractual se asegura mediante acuerdos de confidencialidad (NDA) firmados por proveedores y personal interno, además de cláusulas de tratamiento de datos cuando intervienen terceros. Las sesiones formativas periódicas refuerzan la cultura de seguridad, explicando buenas prácticas de clasificación, técnicas de phishing y normativas vigentes en protección de datos.

Ejemplo

Ejemplo de acuerdo de confidencialidad (NDA) estándar

(redactado para uso entre dos entidades,
"Parte Reveladora" y "Parte Receptora")

1. Objeto y finalidad

La Parte Reveladora entregará información de carácter técnico, comercial, financiero o estratégico con el propósito de evaluar oportunidades de cooperación. La Parte Receptora se compromete a utilizar dicha información exclusivamente para los fines de análisis previamente acordados.

2. Definiciones

- Información Confidencial: todo dato, documento, prototipo, código fuente, especificación, plano, imagen, estudio o conversación, ya sea en soporte escrito, oral, electrónico o cualquier otro medio, que la Parte Reveladora identifique como confidencial o que, por su naturaleza, deba considerarse reservado.

- Representantes Autorizados: empleados, directivos, asesores o subcontratistas de la Parte Receptora que necesiten conocer la Información Confidencial para cumplir con la finalidad descrita.

3. Obligaciones de confidencialidad

a) Proteger la Información Confidencial con un nivel de cuidado, como mínimo, equivalente al que emplea para su propia información reservada y, en todo caso, conforme a buenas prácticas alineadas con ISO 27001.

b) Limitar el acceso exclusivamente a Representantes Autorizados sujetos a obligaciones de confidencialidad equivalentes al presente acuerdo.

c) No copiar, reproducir, desensamblar, revelar ni utilizar la Información Confidencial para fines distintos a los estipulados, salvo consentimiento previo y escrito de la Parte Reveladora.

4. Exclusiones

Queda fuera del concepto de Información Confidencial aquella que:

1. fuese de dominio público en la fecha de divulgación;

2. llegue a ser de dominio público posteriormente sin incumplimiento de la Parte Receptora;

3. obre ya en poder de la Parte Receptora con anterioridad y sin restricción;

4. sea divulgada legítimamente por un tercero sin obligación de confidencialidad;

5. deba comunicarse por mandato legal, judicial o administrativo, siempre que la Parte Receptora notifique con antelación suficiente a la Parte Reveladora para permitir la adopción de medidas de protección.

5. Medidas de seguridad

La Parte Receptora mantendrá controles técnicos y organizativos adecuados (cifrado AES-256 en reposo, TLS 1.3 en tránsito, control de acceso con MFA, registro de eventos en SIEM) y cumplirá el Esquema Nacional de Seguridad nivel medio o equivalente —cuando resulte aplicable— para prevenir pérdidas, accesos no autorizados o alteraciones de la Información Confidencial.

6. Plazo de vigencia y retención

Las obligaciones de confidencialidad permanecerán vigentes durante cinco años desde la última recepción de Información Confidencial, salvo que la ley exija un periodo mayor. Transcurrido el plazo, o a petición escrita de la Parte Reveladora, la Parte Receptora devolverá o destruirá todos los soportes que contengan Información Confidencial y remitirá certificación escrita de su cumplimiento.

7. Propiedad intelectual y licencias

Toda Información Confidencial, incluidas marcas, patentes, diseños, derechos de autor y know-how, seguirá siendo titularidad exclusiva de la Parte Reveladora. El presente acuerdo no otorga licencia ni cesión implícita de derechos de propiedad intelectual, salvo la necesaria para cumplir la finalidad del apartado 1.

8. Responsabilidad e indemnización

La Parte Receptora responderá de los daños y perjuicios directos derivados de una divulgación no autorizada y mantendrá indemne a la Parte Reveladora frente a reclamaciones de terceros ocasionadas por dicho incumplimiento.

9. Legislación aplicable y jurisdicción

El acuerdo se regirá e interpretará conforme a la legislación española. Para la resolución de cualquier disputa, las partes se someten, con renuncia expresa a cualquier otro fuero, a los juzgados y tribunales de la ciudad acordada (por ejemplo, Madrid).

10. Duración del acuerdo

Entrará en vigor en la fecha de la última firma y permanecerá vigente hasta que todas las obligaciones aquí contenidas queden satisfechas.

Firma de las partes

Parte Reveladora   Parte Receptora

Nombre: _____   Nombre: _____

Cargo: _____   Cargo: _____

Fecha: _____   Fecha: _____

Firma: _____   Firma: _____

* Este modelo constituye un ejemplo general y puede necesitar adaptaciones específicas para sector regulado, tratamiento de datos personales, transferencia internacional de información o requisitos adicionales de la compañía.

Por último, auditorías internas y externas, basadas en ISO 27001 o ENS, revisan el grado de cumplimiento y generan planes de acción que perfeccionan las salvaguardas existentes, garantizando que la información permanezca íntegra, disponible y fuera del alcance de accesos indebidos durante todo su ciclo de vida.

2.5 IMPLEMENTACIÓN DE MODELOS DE ORGANIZACIÓN

Un modelo de organización documental articula reglas, espacios y tecnologías para vincular la producción diaria con la preservación a largo plazo. Su diseño requiere estudiar el flujo de información desde el instante en que se crea un expediente, identificando responsables, formatos y plazos de transferencia entre unidades.

Se definen procedimientos escritos que describen la captura de metadatos, los niveles de acceso, los hitos de valoración y los mecanismos de auditoría. El enfoque se apoya en un sistema de gestión capaz de mostrar, en tiempo real, qué documentos permanecen en uso operativo, cuáles pasan a consulta eventual y cuáles se conservan por motivos legales, fiscales o históricos.

Una cartografía de riesgos —que contemple ciberamenazas, desastres naturales y errores humanos— guía la asignación de copias de seguridad, réplicas geográficas y controles de integridad, garantizando que el modelo resista incidencias sin perder trazabilidad ni autenticidad.

Ejemplo

Se diseña un mapa de riesgos para una empresa con sede principal en Sevilla y un centro de respaldo en Madrid. El análisis parte de tres vectores: amenazas lógicas, eventos naturales y fallos operativos.

En el apartado de ciberamenazas se valora el ransomware como riesgo de probabilidad alta e impacto muy alto; la respuesta asigna copias de seguridad incrementales cada cuatro horas en almacenamiento inmutable, una réplica asíncrona diaria hacia el centro de Madrid y pruebas mensuales de restauración completa en un entorno aislado.

Para desastres naturales, se observa que la sede sevillana se encuentra en zona fluvial con posibilidad moderada de inundación: se replica la totalidad de las máquinas virtuales a 550 kilómetros de distancia, se mantiene una copia semanal en un proveedor cloud europeo con certificación ISO 22301 y se contrata un generador diésel que garantiza 48 horas de autonomía eléctrica.

En la categoría de errores humanos se identifica la eliminación accidental de expedientes como riesgo recurrente; se implementa versionado automático con retención de 90 días, doble validación antes de borrar y un programa de formación semestral que instruye al personal sobre buenas prácticas de gestión documental.

Cada control queda vinculado en el plan maestro de continuidad, donde un panel de métricas registra el cumplimiento de las frecuencias de copia, la integridad verificada mediante hashes SHA-256 y los tiempos de recuperación reales frente a los objetivos definidos. De este modo, el modelo mantiene trazabilidad y autenticidad incluso si se materializa cualquiera de los escenarios contemplados.

2.5.1 Archivos activos, semiactivos e inactivos

Los **archivos activos** contienen la documentación imprescindible para la actividad corriente de la organización. Se ubican preferentemente en puntos próximos a las unidades productoras y en soportes que permitan recuperación instantánea (servidores de alto rendimiento o armarios de oficina con acceso restringido).

Los **archivos semiactivos** reúnen expedientes todavía necesarios, aunque con una frecuencia de consulta reducida. Estos fondos se trasladan a depósitos intermedios o a almacenamiento digital de segunda línea respaldado por discos de capacidad masiva, donde se optimiza el coste sin sacrificar la disponibilidad.

Por su parte, los **archivos inactivos** albergan materiales cuyo valor operativo ha concluido, pero deben mantenerse por exigencia legal o por interés histórico. Se conservan en depósitos externos, bóvedas climatizadas o repositorios digitales certificados, con esquemas de replicación y monitorización de largo plazo. Las transferencias entre etapas se apoyan en calendarios de conservación que disparan alertas automáticas para evitar retenciones innecesarias y liberar recursos.

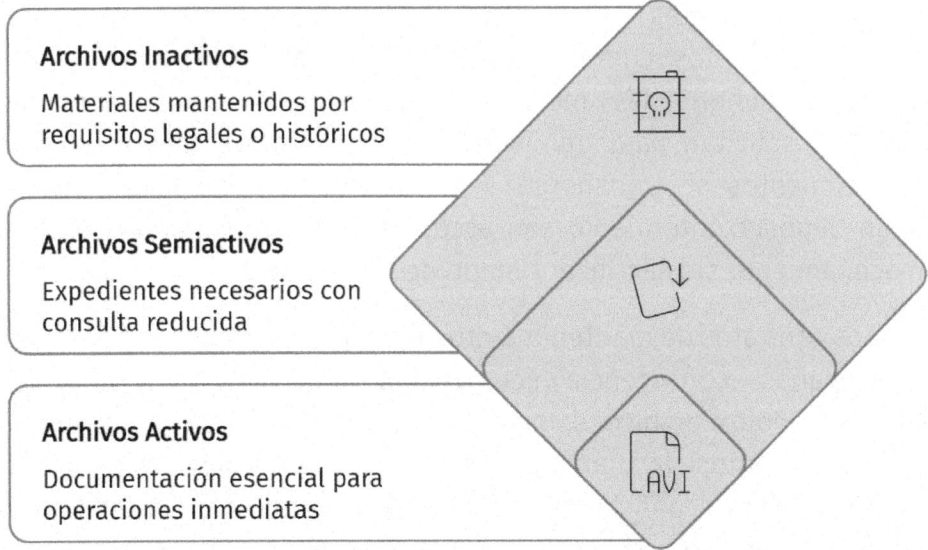

Tipos de archivos en el contexto de gestión

Archivos Inactivos

Materiales mantenidos por requisitos legales o históricos

Archivos Semiactivos

Expedientes necesarios con consulta reducida

Archivos Activos

Documentación esencial para operaciones inmediatas

Ejemplo

Una serie de expedientes de contratación elaborados por el departamento de compras durante la presente campaña presupuestaria se considera archivo activo, pues el personal revisa las condiciones, aplica enmiendas y emite órdenes de pago a diario; la consulta frecuente exige mantener los documentos en la nube corporativa de acceso inmediato y en armarios cercanos al equipo gestor, garantizando agilidad en las operaciones de adquisición.

Las solicitudes de vacaciones y ausencias del año en curso, junto con los justificantes médicos emitidos en las últimas semanas, integran igualmente un archivo activo: el área de recursos humanos debe verificar saldos de días disponibles, calcular nóminas y responder a auditorías internas de personal en plazos muy breves, de modo que los formularios se almacenan en carpetas electrónicas con permisos específicos y en archivadores etiquetados por mes.

Los expedientes de inscripción de estudiantes que realizaron matrícula hace dos cursos académicos se clasifican como archivo semiactivo. Aunque las incidencias de consulta han disminuido, todavía se solicitan para trámites de becas o equivalencias; por ello, los documentos se transfieren a un servidor de capacidad masiva y a un depósito intermedio con acceso reglado, reduciendo coste de almacenamiento sin sacrificar tiempo de recuperación.

Los contratos de mantenimiento de maquinaria industrial firmados hace tres años —con vigencia inicial de cinco años y opción de prórroga— representan otro archivo semiactivo. El departamento de ingeniería requiere revisarlos de manera esporádica para verificar cláusulas de servicio, pero la frecuencia no justifica su permanencia en el servidor de proyectos activo; se archivan, por tanto, en un repositorio documental de segunda línea con índice de búsqueda.

Las declaraciones fiscales de la empresa correspondientes al último ejercicio cerrado y ya presentadas a la autoridad tributaria entran igualmente en la categoría de archivo semiactivo. El requerimiento legal obliga a conservarlas durante cuatro años, aunque las consultas disminuyen salvo que se reciba inspección; se decide almacenarlas en un sistema WORM (Write Once Read Many) con copias redundantes y acceso restringido a finanzas.

Los expedientes de expropiaciones urbanísticas tramitados hace quince años, cuyo plazo de recurso ha prescrito y que se conservarán únicamente para referencia histórica, constituyen un archivo inactivo. Se trasladan a una cámara climatizada con estanterías compactas y, además, se digitalizan en TIFF 6.0 para consulta interna sin manipular los originales.

Las actas de juntas generales correspondientes a la década de 1990 se consideran archivo inactivo por haber sobrepasado el margen mercantil de seis años y poseer valor histórico; se custodian en cajas libres de ácido dentro del depósito histórico y se incluyen en el catálogo patrimonial de la organización.

Los registros de sistemas biométricos de control horario que finalizaron su vida útil tecnológica hace ocho años, pero cuyas responsabilidades administrativas ya han prescrito, se clasifican como archivo inactivo; se mantienen bloqueados en soporte óptico de solo lectura y con hash registrado para conservar integridad hasta autorizar su eliminación definitiva según el calendario de conservación.

Los planos de construcción de una planta industrial que opera desde hace veinte años, sin modificaciones recientes, también pertenecen al archivo inactivo; la documentación conserva valor probatorio para seguros y reclamaciones estructurales, por lo que se almacena en gavetas horizontales y se replica en PDF/A para consulta técnica puntual.

Por último, los expedientes de subvenciones europeas liquidados totalmente y sin obligaciones de reembolso pendientes configuran otro ejemplo de archivo inactivo. Al haberse cumplido el plazo de verificación comunitaria, se conservan en un repositorio digital con firma longeva para preservar autenticidad, pero quedan fuera del circuito habitual de gestión, accediéndose a ellos solo por requerimientos de transparencia o investigación histórica.

2.6 TÉCNICAS DE ORDENACIÓN Y CLASIFICACIÓN DOCUMENTAL

La **ordenación** constituye el acto de disponer física o lógicamente los documentos según un criterio único, mientras que la **clasificación** establece categorías que relacionan contenido, origen y función. Una técnica eficaz reduce tiempos de búsqueda, potencia la eficiencia administrativa y minimiza duplicidades.

Técnicas de gestión de documentos

Ordenación

Disposición de los documentos bajo un criterio único

Clasificación

Categorías que relacionan contenido, origen y función

Para alcanzar ese propósito se combinan normas de descripción, cuadros de clasificación jerárquica y herramientas de etiquetado que enlazan cada registro con metadatos normalizados. Cuando el volumen aumenta, resultan indispensables los sistemas de referencia cruzada y los códigos alfanuméricos que facilitan reubicaciones y préstamos.

El cuadro de clasificación se revisa de forma periódica, incorporando series emergentes —por ejemplo, registros de redes sociales o evidencias de firma biométrica— y suprimiendo aquellas que ya no se generan.

2.6.1 Métodos alfabético, numérico, cronológico, geográfico, por materias y mixto

Algunos de los métodos de organización de documentos más populares son los siguientes:

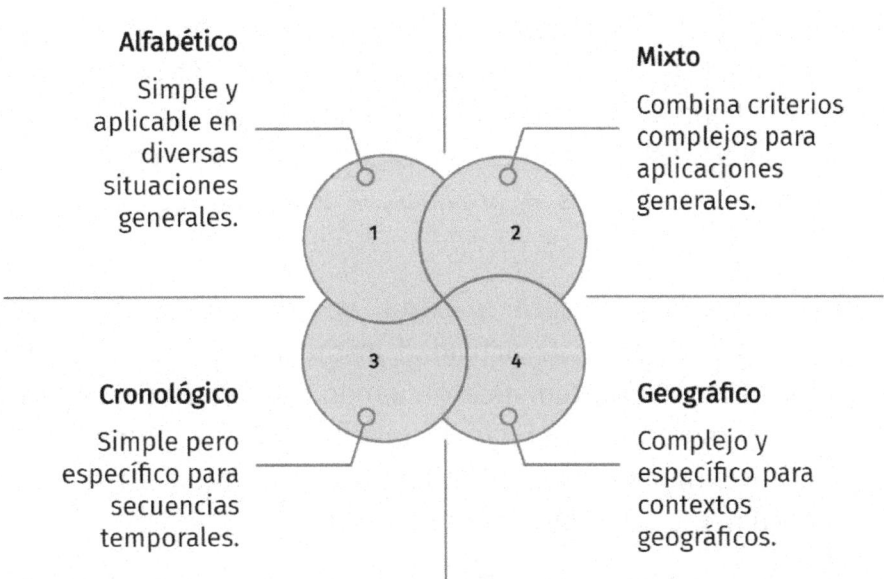

Métodos de organización de documentos

Alfabético

Simple y aplicable en diversas situaciones generales.

Mixto

Combina criterios complejos para aplicaciones generales.

Cronológico

Simple pero específico para secuencias temporales.

Geográfico

Complejo y específico para contextos geográficos.

- ▶ *Alfabético:* asigna la ordenación según la primera letra o secuencia de letras del nombre del productor, cliente o asunto. Es intuitivo y rápido de implementar en expedientes de personal, registros de proveedores o correspondencia general. Para evitar ambigüedades se normalizan prefijos, artículos y abreviaturas, y se aplica la regla de "archivo como se escribe".

▼ *Numérico:* otorga a cada expediente un identificador correlativo o un número estructurado que codifica departamento, serie y secuencia. Este sistema maximiza el espacio en estanterías móviles y simplifica la migración a bases de datos, dado que el localizador físico se corresponde con la signatura asignada.

▼ *Cronológico:* dispone los documentos por fecha de creación o recepción. Resulta idóneo para actas de reuniones, informes periódicos o diarios de obra, donde la secuencia temporal refleja la evolución de los procesos. Implica etiquetado claro de día, mes y año y el uso de contenedores con intervalos asignados (trimestrales o anuales).

▼ *Geográfico:* organiza según la región, país o área administrativa vinculada al contenido. Se aplica en proyectos de obras públicas, expedientes de exportación o informes de ventas por zona. Requiere listas oficiales de topónimos y niveles jerárquicos (continente → país → provincia → localidad) para asegurar la consistencia.

▼ *Por materias:* clasifica a partir de un tesauro o árbol de temas que refleja la actividad institucional. Cada documento recibe una clave temática y, cuando es necesario, subtemas y microtesoros que refinan la precisión. Este método favorece análisis transversales y recuperación conceptual en centros de documentación y bibliotecas especiales.

▼ *Mixto:* combina dos o más criterios para cubrir complejidades superiores. Un esquema frecuente adopta orden alfabético dentro de bloques cronológicos, o codificación numérica con sufijo temático. La clave se documenta en un manual que detalla precedencias y excepciones, garantizando que toda persona encargada del archivo interprete la misma lógica y mantenga la coherencia a lo largo del tiempo.

3

Manejo práctico de bases de datos

Se introducen los conceptos fundamentales para trabajar con Access, detallando la forma de acceder a la aplicación, reconocer sus objetos principales (tablas, consultas, formularios e informes) y realizar operaciones básicas, incluyendo la creación, guardado y cierre de proyectos. También se hace hincapié en la importancia de las copias de seguridad y el mantenimiento de la base de datos para preservar su integridad.

3.1 ACCESO Y NAVEGACIÓN EN LA APLICACIÓN DE BASE DE DATOS

Microsoft Access es un sistema de gestión de bases de datos relacional integrado en la suite Microsoft 365 que combina un motor de almacenamiento local (ACE) con una interfaz gráfica diseñada para usuarios empresariales no especialistas.

Mediante tablas, consultas, formularios e informes, permite modelar conjuntos de datos, establecer relaciones entre ellos y presentarlos con formatos profesionales sin necesidad de escribir código extenso. Incluye un diseñador visual para construir consultas SQL, asistentes que automatizan la creación de formularios y un lenguaje VBA que amplía la funcionalidad a procesos personalizados. Además, admite la vinculación con orígenes externos —desde Excel y SharePoint hasta SQL Server—, lo que facilita el tránsito de prototipos departamentales hacia soluciones más escalables.

Gracias a su enfoque low-code y a las herramientas de compactación, división de front-end / back-end y copia de seguridad, Access se posiciona como un entorno ágil para desarrollar aplicaciones de gestión, inventario o seguimiento de proyectos en pequeñas y medianas organizaciones.

El ingreso a Microsoft Access comienza con la pantalla de inicio, donde se despliega un catálogo de plantillas dirigidas a necesidades comunes, por ejemplo, inventario, contactos o seguimiento de proyectos.

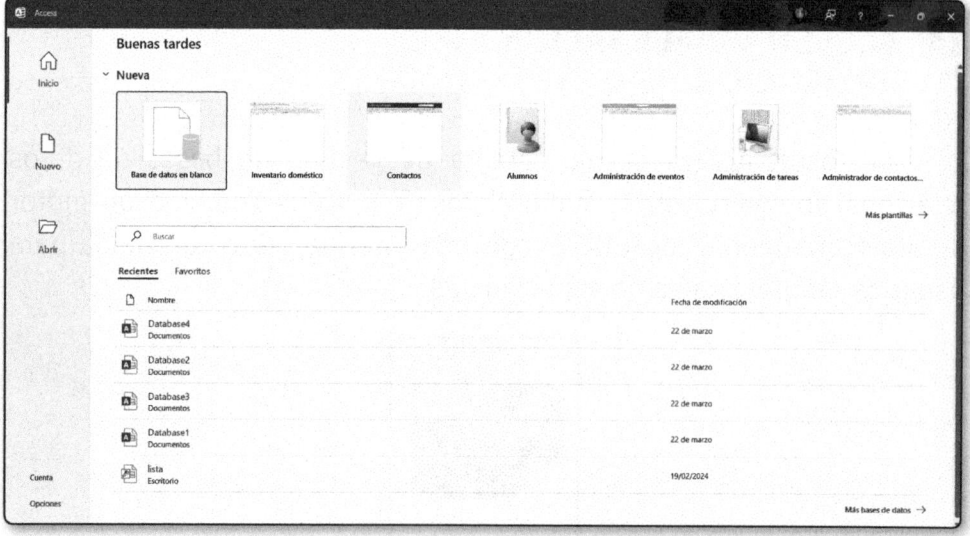

Desde esta misma vista pueden abrirse bases existentes mediante el explorador de archivos o la lista de documentos recientes.

Una vez seleccionado el archivo, Access presenta la cinta de opciones, dividida en pestañas como "Inicio", "Crear" y "Datos externos", que contienen comandos clasificados por función.

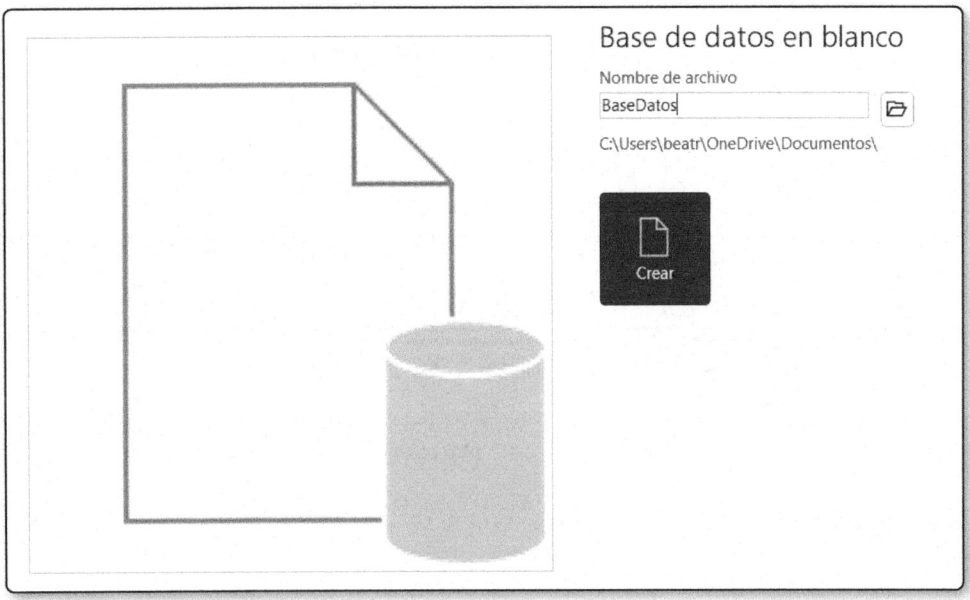

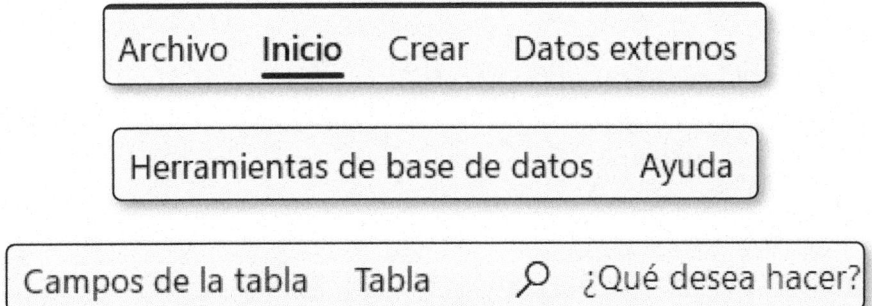

A la izquierda, la barra de navegación muestra todos los objetos ordenados por tipo, fecha de creación o grupos personalizados; un filtrado rápido habilita la localización inmediata de tablas, consultas, formularios o informes.

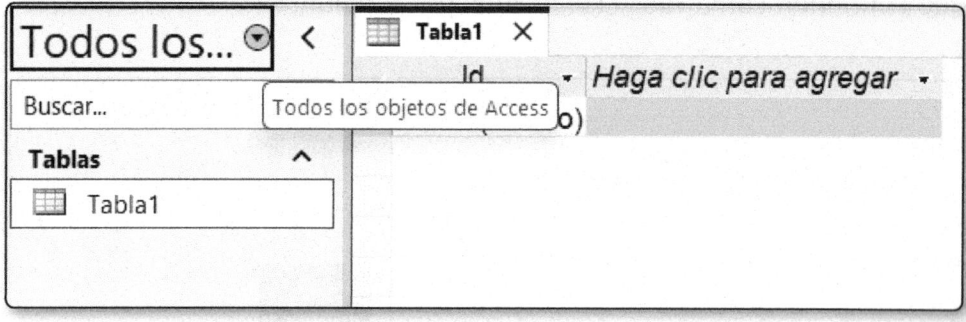

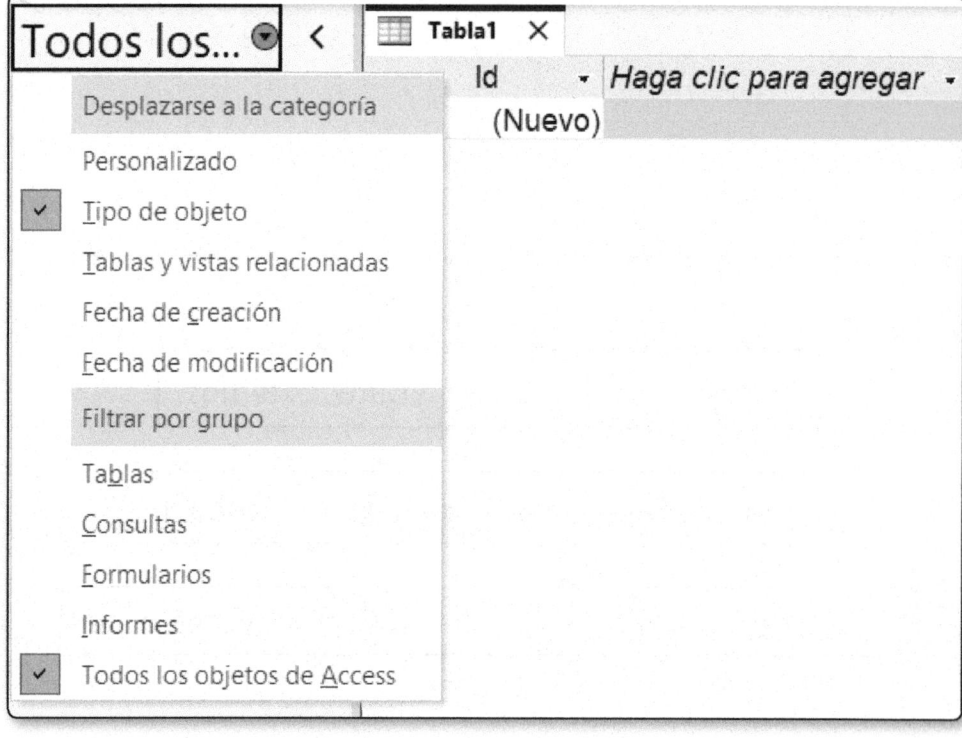

El usuario puede alternar entre vistas mediante las pestañas situadas sobre el área de trabajo y en la parte inferior derecha, lo que favorece revisar simultáneamente distintos objetos y copiar estructuras o contenidos entre ellos.

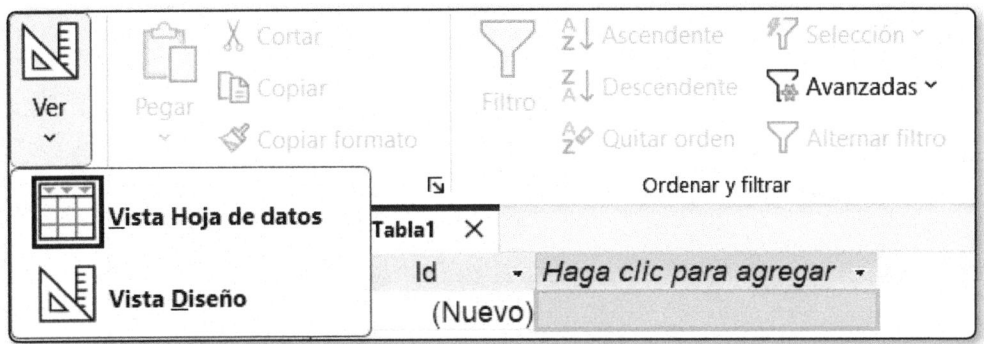

3.2 IDENTIFICACIÓN DE OBJETOS BÁSICOS

En Access, las tablas concentran los datos en campos bien tipados y cada registro posee una clave primaria única. Las consultas, diseñadas gráficamente o en SQL, filtran o transforman la información y permiten acciones masivas sobre los registros. Los formularios sirven de capa de entrada y revisión, con controles y validaciones que minimizan errores, mientras que los informes reúnen y formatean los resultados para impresión o exportación, ofreciendo resúmenes claros para decisiones rápidas.

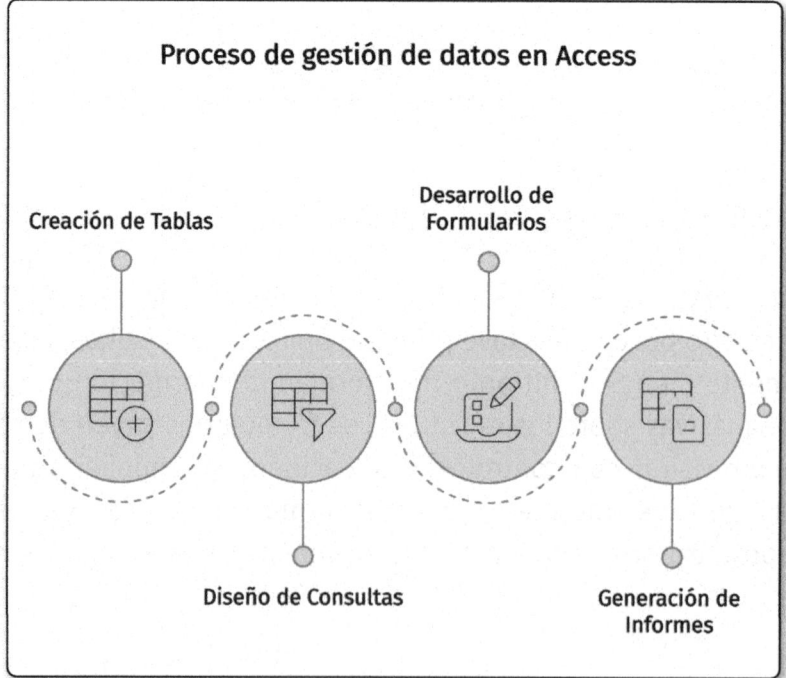

Componentes de Access en acción

Tablas

Consultas

Formularios

Informes

Gestión eficiente de datos

Proceso de gestión de datos en Access

Creación de Tablas

Desarrollo de Formularios

Diseño de Consultas

Generación de Informes

3.2.1 Tablas, consultas, formularios e informes

Las **tablas** constituyen el núcleo de la base, pues almacenan la información en campos definidos por tipo de dato, tamaño y máscara de entrada. Cada registro corresponde a una fila y, generalmente, se identifica con una clave primaria que garantiza unicidad.

Las **consultas** extraen, combinan y transforman datos; operan en modo gráfico gracias al diseñador de consultas o mediante SQL para quienes requieren mayor flexibilidad. Mediante consultas de selección se generan subconjuntos filtrados, mientras que las de acción permiten actualizar, anexar o eliminar registros de forma masiva.

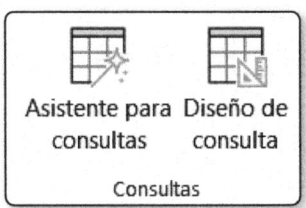

Los **formularios** proporcionan una interfaz amigable, ideal para introducir y revisar información sin exponer la estructura interna de las tablas; pueden incluir controles, validaciones y macros asociados a eventos, lo que reduce errores y estandariza la entrada de datos.

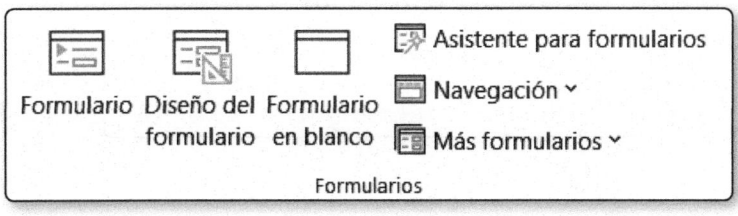

Por último, los **informes** presentan resultados con formato profesional, listos para impresión o exportación a PDF; admiten encabezados, pies de página y agrupaciones que resumen cifras, obteniendo visiones consolidadas para la toma de decisiones.

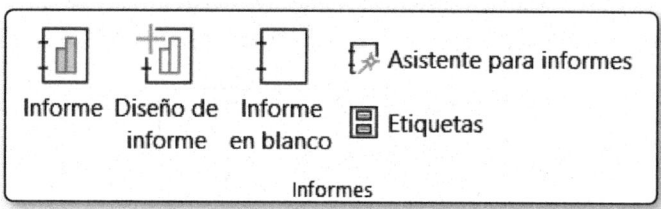

3.3 REALIZACIÓN DE OPERACIONES BÁSICAS: CREACIÓN, GUARDADO Y CIERRE

Para crear una base de datos en blanco o abrir una existente hay que acceder al menú Archivo y seleccionar la opción deseada.

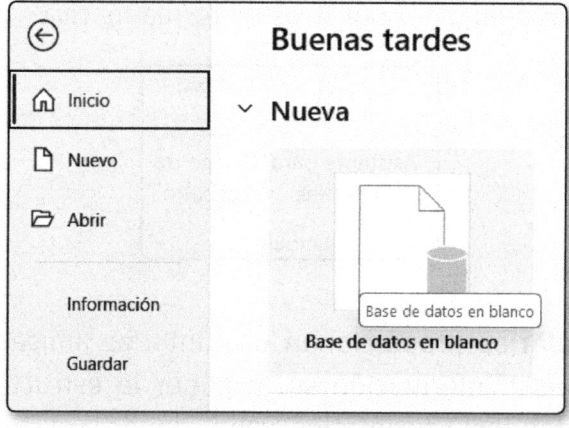

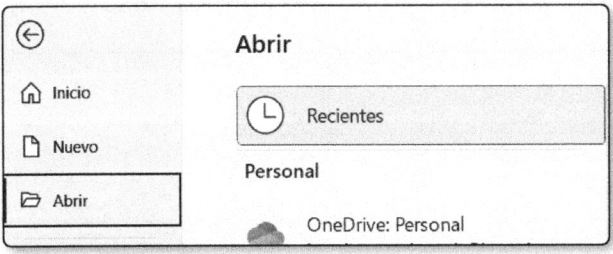

La creación de objetos se inicia desde la pestaña "Crear", donde se escoge la modalidad apropiada

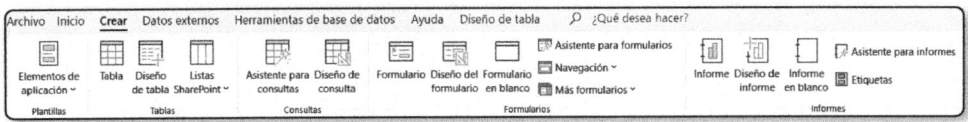

Los cambios subsiguientes se conservan al pulsar el ícono de guardar o la combinación Ctrl + G.

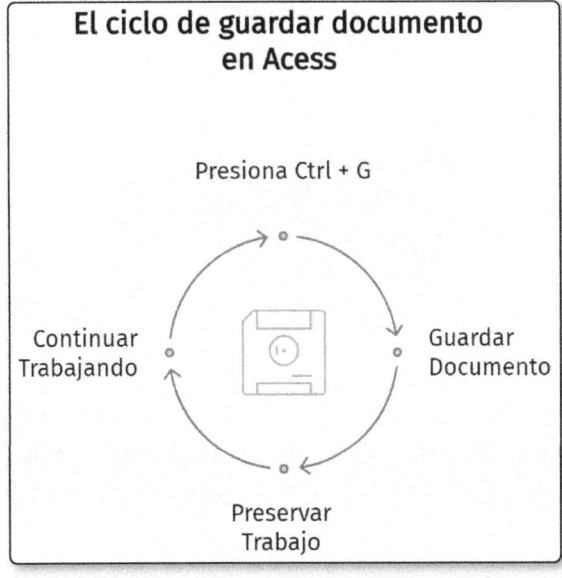

También es posible guardar los cambios desde el menú Archivo.

El cierre se efectúa desde la "X" de la pestaña correspondiente, acción que retira el objeto del área de trabajo sin abandonar la base.

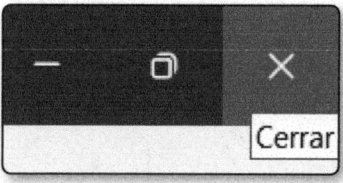

Para cerrar el programa al completo hay que presionar la X de la esquina superior derecha.

Cuando se cierra el archivo completo, Access verifica si existen modificaciones pendientes y propone grabarlas; este proceso evita pérdidas accidentales de información e impulsa la disciplina de guardado frecuente.

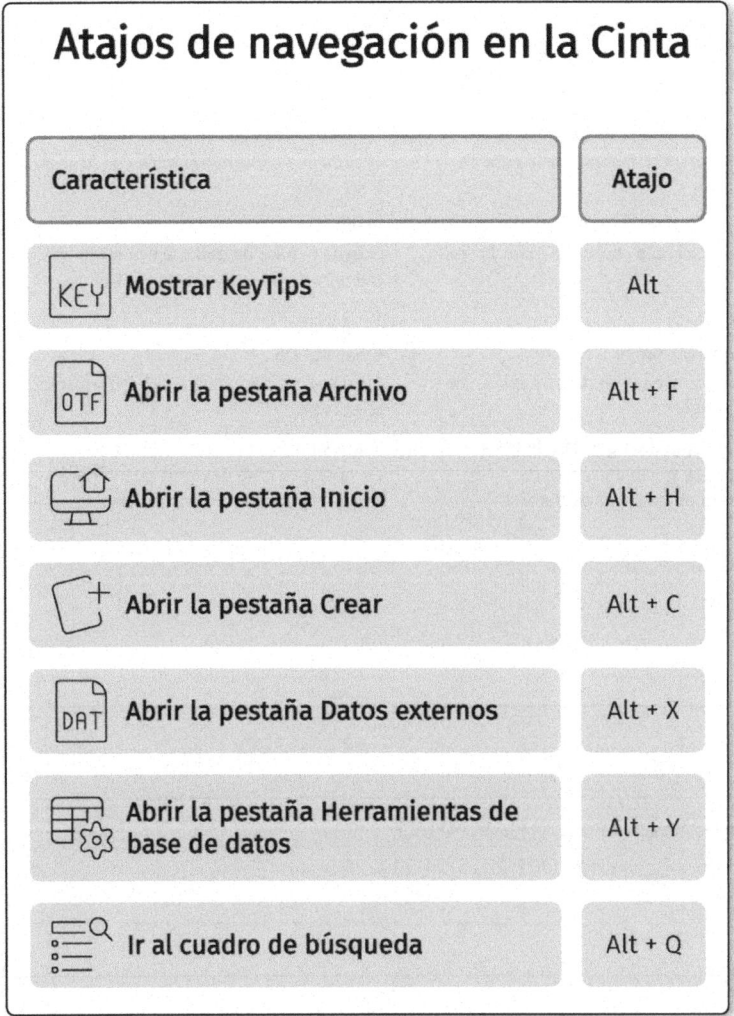

Atajos de navegación en la Cinta

Característica	Atajo
KEY Mostrar KeyTips	Alt
OTF Abrir la pestaña Archivo	Alt + F
Abrir la pestaña Inicio	Alt + H
Abrir la pestaña Crear	Alt + C
DAT Abrir la pestaña Datos externos	Alt + X
Abrir la pestaña Herramientas de base de datos	Alt + Y
Ir al cuadro de búsqueda	Alt + Q

3.4 COPIAS DE SEGURIDAD Y HERRAMIENTAS DE MANTENIMIENTO

Las copias de seguridad de Access se generan mediante el comando "Guardar base de datos como" → "Realizar copia de seguridad de la base de datos". Access crea un archivo con sello de fecha en el nombre, reduciendo la posibilidad de sobrescribir versiones anteriores.

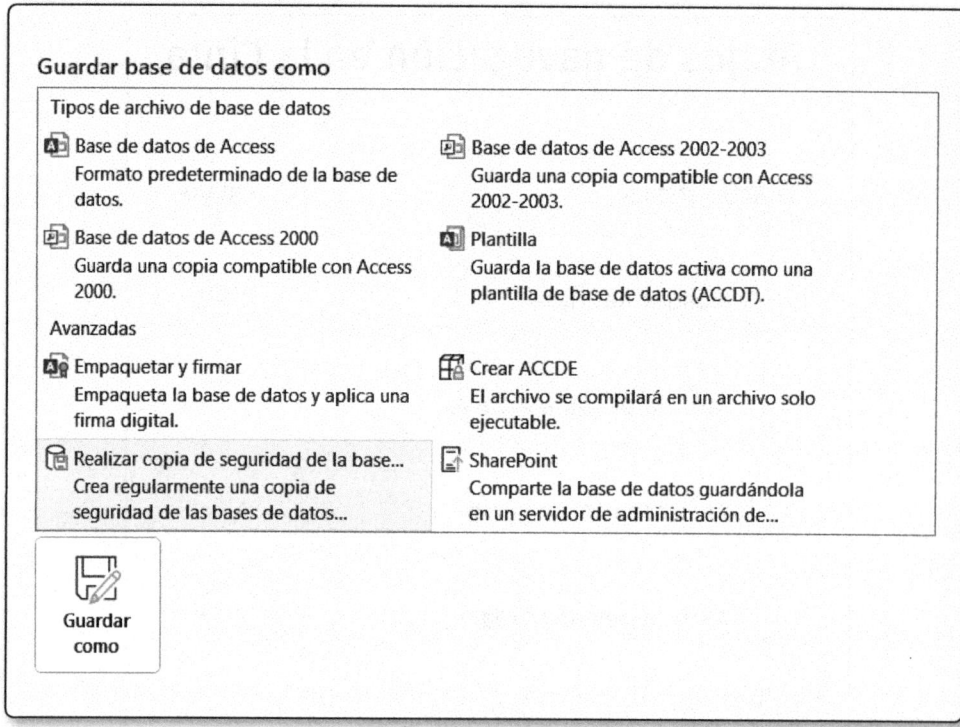

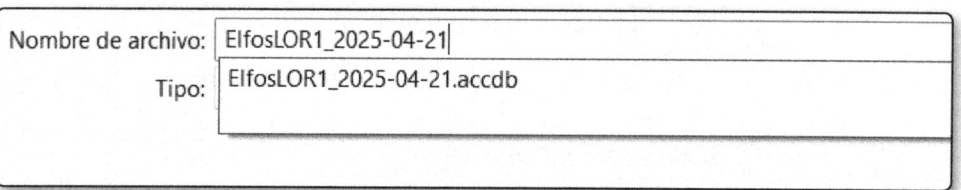

Para bases compartidas conviene calendarizar respaldos automáticos con scripts de PowerShell o software de copia en caliente que preserve nombres y permisos.

La herramienta "Compactar y reparar" soluciona la fragmentación que surge tras múltiples inserciones y borrados, reduciendo el tamaño del archivo y corrigiendo índices dañados.

Cuando el volumen de usuarios crece, se recomienda dividir la base: el archivo back-end contiene las tablas y reside en un servidor, mientras que cada usuario procesa un front-end con consultas, formularios e informes vinculados; esta técnica mejora el rendimiento y mitiga la corrupción.

El monitor de rendimiento integrado registra bloqueos y advertencias, y ofrece sugerencias para añadir índices, normalizar tablas o trasladar datos a SQL Server si se requiere escalabilidad.

Con estas prácticas, Access mantiene estabilidad y disponibilidad, asegurando que los datos permanezcan íntegros y fácilmente recuperables ante cualquier contingencia.

4

Inserción y gestión de datos en tablas

En esta sección se ofrecen los conocimientos clave para registrar, modificar y eliminar datos en una base de datos, así como realizar búsquedas, reemplazos y aplicar filtros y ordenaciones. Además, se examinan las operaciones más comunes con tablas, como el renombrado, la copia, la eliminación o la importación y exportación de datos, brindando herramientas para trabajar con grandes volúmenes de información con eficacia.

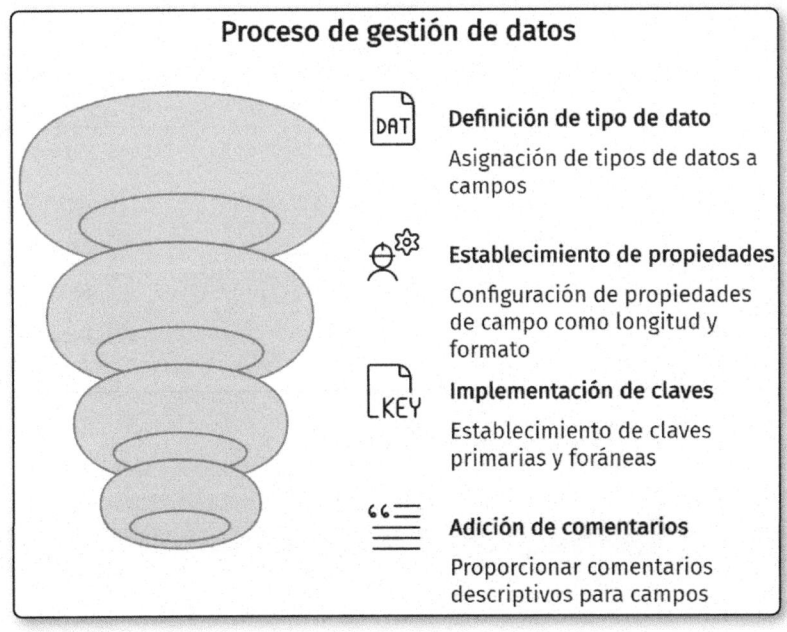

Proceso de gestión de datos

Definición de tipo de dato
Asignación de tipos de datos a campos

Establecimiento de propiedades
Configuración de propiedades de campo como longitud y formato

Implementación de claves
Establecimiento de claves primarias y foráneas

Adición de comentarios
Proporcionar comentarios descriptivos para campos

4.1 REGISTRO DE DATOS Y ESTRUCTURA DE CAMPOS

La fase de registro define la forma en que la información se materializa dentro de la tabla. Cada campo recibe un tipo de dato —texto corto, texto largo, numérico, fecha/hora, moneda, etc.— que delimita el rango y la forma de almacenaje.

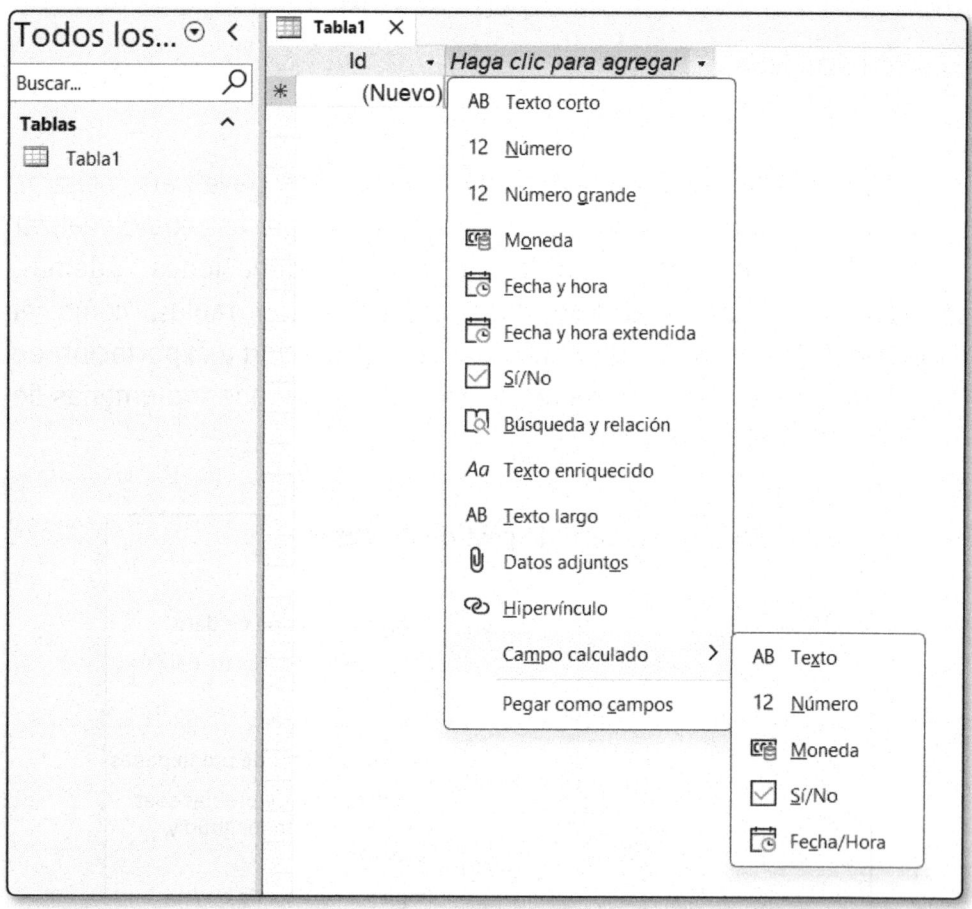

Vista Hoja de Datos

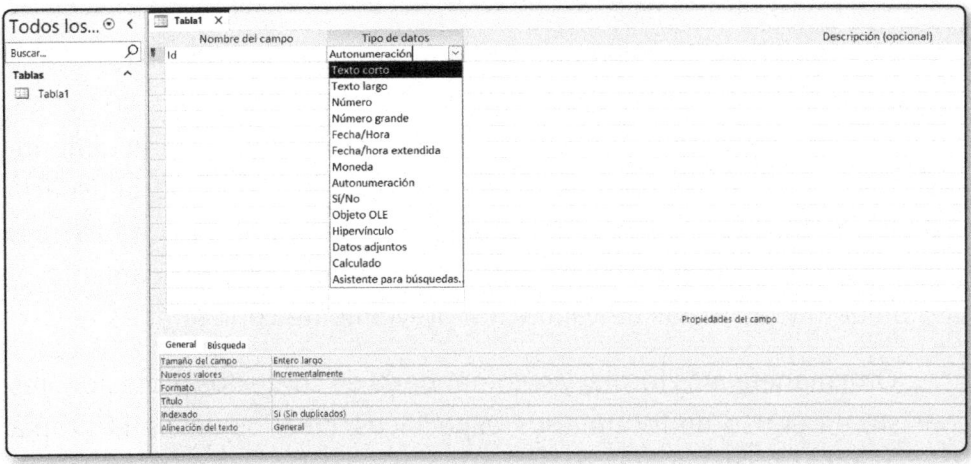

Vista Diseño

Cuando se requiere asegurar la unicidad o establecer jerarquías, se implementan claves primarias y foráneas, respaldadas por índices que aceleran la búsqueda y conservan la integridad referencial.

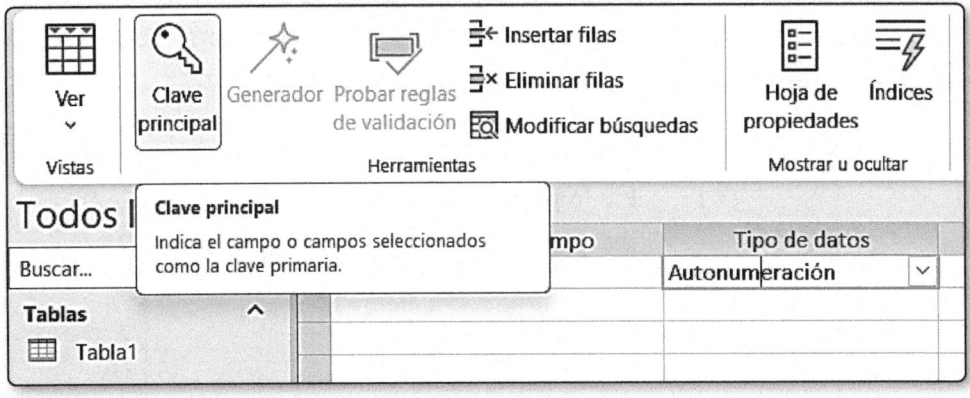

El diseño de la estructura incluye comentarios descriptivos en cada campo, facilitando que nuevos usuarios comprendan su propósito sin consultar documentación externa.

4.1.1 Introducción, modificación y eliminación de datos

En primer lugar, la **introducción de datos** en Access puede realizarse mediante diferentes métodos adaptados a las necesidades concretas del usuario. El método más sencillo consiste en introducir directamente los registros desde la vista "Hoja de datos". En esta modalidad, el usuario ingresa información fila por fila, similar al uso de una hoja de cálculo tradicional, con la ventaja de que Access verifica automáticamente el tipo de dato y las reglas de validación previamente configuradas.

Otra manera más formal y recomendada en contextos profesionales consiste en el uso de formularios específicos, creados desde la propia herramienta de diseño de formularios de Access. Estos formularios permiten personalizar el entorno de entrada, facilitando la experiencia del usuario al guiarlo con claridad a través de campos específicos, controles desplegables y máscaras de entrada que validan y estructuran la información desde el inicio, minimizando errores de captura.

Además, la importación desde otros formatos externos, como Excel o CSV, constituye una tercera opción valiosa para el ingreso masivo de datos, especialmente útil cuando se necesita migrar información desde sistemas anteriores o integrar fuentes de datos externas.

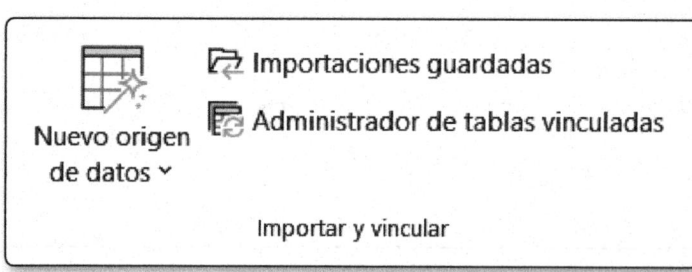

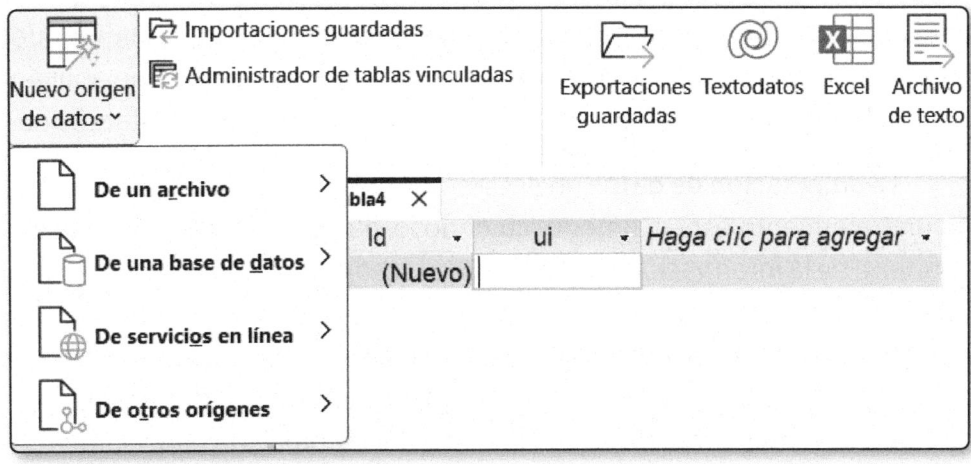

En cuanto a la **modificación de datos**, Access proporciona múltiples vías para actualizar información ya existente, adecuándola a nuevos requerimientos o corrigiendo errores detectados. La más directa es nuevamente la vista "Hoja de datos", donde basta con hacer clic sobre la celda correspondiente y realizar la corrección directamente. No obstante, en contextos profesionales o en bases de datos complejas, se recomienda la modificación mediante consultas de actualización o formularios específicos para edición.

Las consultas de actualización permiten modificar registros en masa según criterios determinados, simplificando considerablemente el trabajo cuando se requieren cambios sistemáticos o correcciones masivas. Por ejemplo, si se necesita actualizar la dirección postal de todos los empleados que pertenecen a una sede específica, una consulta de actualización será el método más eficaz y rápido.

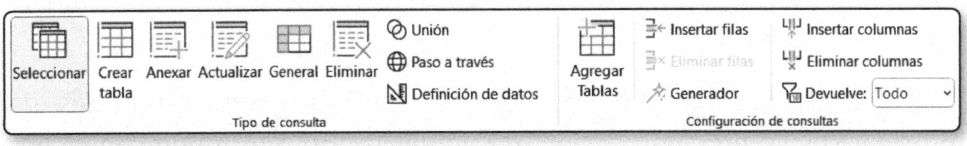

Por su parte, los formularios diseñados específicamente para la edición facilitan un entorno controlado para el usuario, permitiendo modificar los datos con claridad y exactitud, al mismo tiempo que aplican automáticamente cualquier regla o restricción previamente establecida.

La **eliminación de datos** en Access, aunque parezca sencilla, requiere de un tratamiento especialmente cuidadoso, dado que implica la pérdida definitiva de la información eliminada. En el caso más simple, la eliminación puede efectuarse directamente en la vista "Hoja de datos" seleccionando el registro deseado y pulsando la tecla "Suprimir" o utilizando el menú contextual correspondiente. Sin embargo, en entornos profesionales, es altamente recomendable utilizar consultas de eliminación especialmente diseñadas para este fin, las cuales permiten definir exactamente qué registros se eliminarán según criterios muy concretos.

Por ejemplo, eliminar todos los registros que cumplen cierta antigüedad o estado específico dentro de una tabla. Antes de ejecutar una consulta de eliminación, Access muestra una advertencia y permite al usuario confirmar esta acción, disminuyendo así el riesgo de pérdida accidental de información.

Es fundamental considerar la creación previa de copias de seguridad o establecer mecanismos alternativos para recuperar información crítica, dado que la eliminación en bases de datos relacionales no permite la recuperación directa del registro borrado.

4.1.2 Movimientos, copias, búsquedas y reemplazos

El desplazamiento de datos entre tablas se optimiza con consultas de anexión o con herramientas de importación/exportación que mapean columnas equivalentes.

Cuando la organización requiere reubicar grandes bloques de información, se emplean scripts de actualización que modifican claves foráneas sin interrumpir el servicio.

Optimización de la gestión de datos

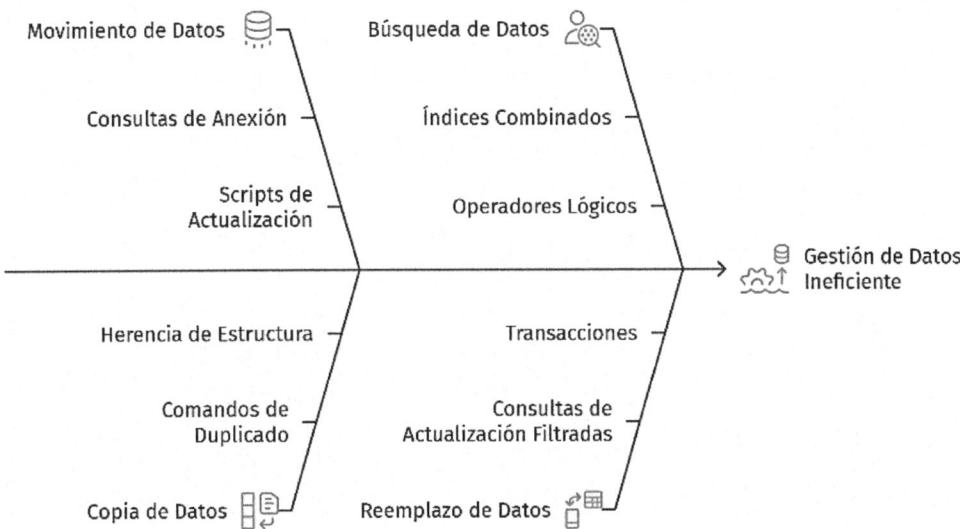

Las copias se gestionan a través de comandos de duplicado, útiles en plantillas de facturas o catálogos de productos base; las nuevas instancias heredan la estructura y los valores predeterminados mientras se actualizan los campos variables.

La búsqueda se apoya en índices combinados y operadores lógicos (AND, OR, LIKE, BETWEEN) que reducen el conjunto de resultados al mínimo pertinente.

El reemplazo masivo se efectúa con consultas de actualización filtradas, acompañadas de una vista preliminar que evita tropiezos.

Para operaciones sensibles, se aconseja encapsularlas en transacciones, de modo que cualquier error provoque la reversión completa y preserve la consistencia.

4.1.3 Aplicación de filtros y ordenaciones prácticas

Los filtros actúan como una capa temporal que oculta registros irrelevantes y permite el análisis focalizado. Se configuran con expresiones comparativas, intervalos de fechas, valores nulos o patrones de texto, y pueden combinarse en filtros avanzados para escenarios complejos.

La ordenación organiza los registros en sentido ascendente o descendente según uno o varios campos jerárquicos —por ejemplo, estado → fecha de vencimiento → importe—, lo que facilita la priorización de tareas o la detección de excepciones.

Para informes dinámicos se integran filtros de parámetros que el usuario introduce al generarlos, produciendo salidas personalizadas sin duplicar diseños.

A nivel de interfaz, los botones de columna permiten aplicar ordenación instantánea, mientras que en SQL se añaden cláusulas ORDER BY que aprovechan índices, evitando lecturas completas de la tabla.

Estas técnicas, combinadas, transforman datos brutos en información organizada, lista para la interpretación rápida y la toma de decisiones.

4.2 OPERACIONES ESENCIALES CON TABLAS

La gestión estructural de tablas permite adaptar la base de datos a la evolución de los procesos de negocio sin perder integridad ni rastreabilidad. Cualquier cambio debe contemplar dependencias con consultas, formularios, macros o soluciones externas que se vinculan mediante ODBC.

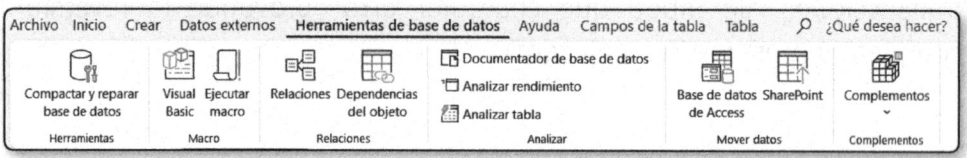

Las intervenciones se ejecutan desde el panel de navegación, la cinta "Herramientas de base de datos" o mediante instrucciones SQL de definición de datos, siempre respaldadas por copias de seguridad en caso de que una acción requiera reversión.

4.2.1 Renombrado, copiado, eliminación

Para efectuar el renombrado:

1. Haz clic derecho sobre el objeto que quieres renombrar (por ejemplo, Consulta1 o LibrosTabla).

2. Selecciona "Cambiar nombre".

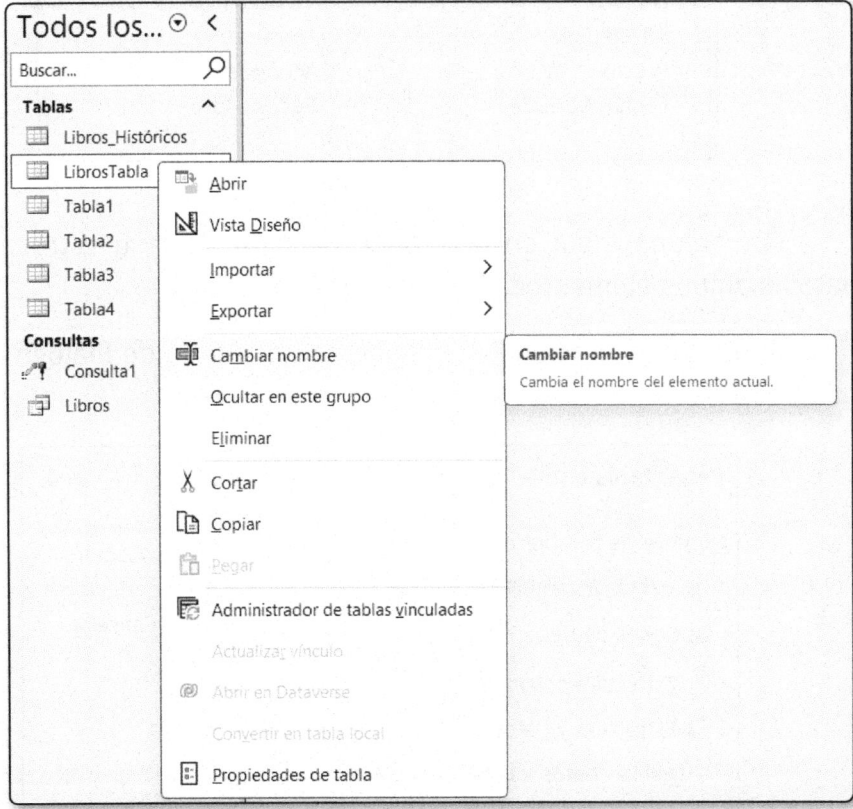

3. Escribe el nuevo nombre y pulsa Enter.

> **ⓘ CONSEJO**
>
> Usa nombres claros como Libros_Antiguos, Consulta_ActualizarPrecios, etc.

Es posible renombrar las secciones de los objetos haciendo doble clic y escribiendo de nuevo.

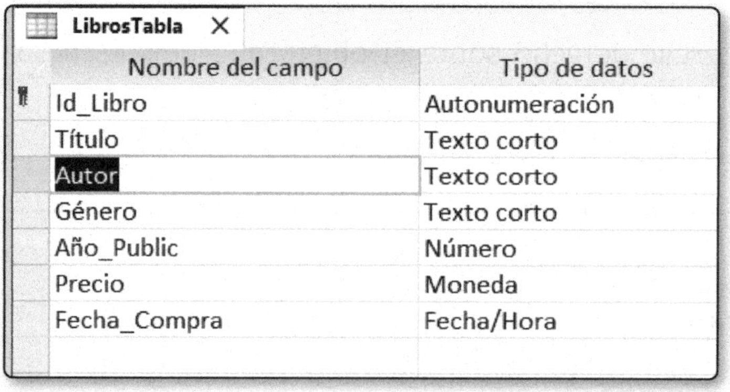

LibrosTabla ✕	
Nombre del campo	**Tipo de datos**
Id_Libro	Autonumeración
Título	Texto corto
Autor	Texto corto
Género	Texto corto
Año_Public	Número
Precio	Moneda
Fecha_Compra	Fecha/Hora

Copiar una tabla en Access permite duplicar su estructura, sus datos o ambos elementos.

Al utilizar la función Pegar, aparece un cuadro de diálogo con tres opciones:

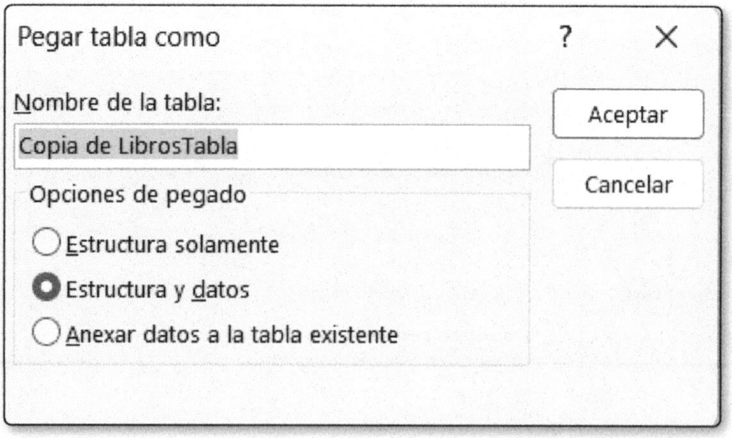

Pegar tabla como   ?   ✕

Nombre de la tabla:

Copia de LibrosTabla

[Aceptar]

[Cancelar]

Opciones de pegado

○ Estructura solamente

● Estructura y datos

○ Anexar datos a la tabla existente

➤ Estructura solamente: crea una tabla nueva sin registros, ideal para usar como plantilla o para pruebas.

➤ Estructura y datos: genera una copia completa, útil para hacer respaldos rápidos.

➤ Anexar datos a la tabla existente: agrega los registros a una tabla ya existente, siempre que las estructuras sean compatibles.

La eliminación requiere comprobar relaciones, reglas de integridad y dependencias. Access muestra un cuadro de advertencia que enumera objetos vinculados. Cuando la información pudiera requerirse en el futuro, resulta recomendable renombrar la tabla con un prefijo *"ARCH"* y desplazarla a un grupo de navegación aparte, en lugar de borrarla de inmediato.

4.2.2 Importación y exportación de datos

La importación admite múltiples orígenes: archivos Excel, CSV, TXT con delimitador configurable, bases de datos ODBC, SharePoint y servicios web.

La importación se activa desde la pestaña "Datos externos".

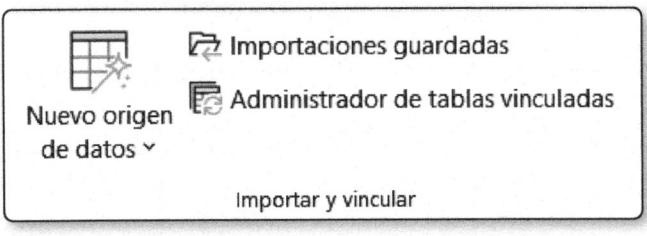

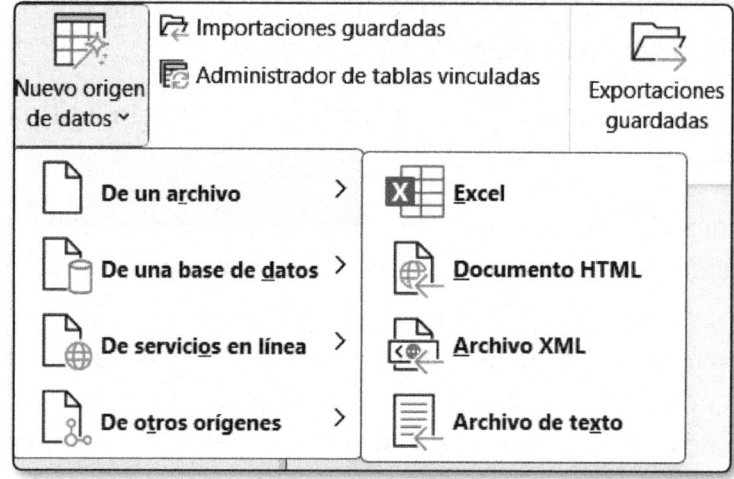

Importar de un archivo

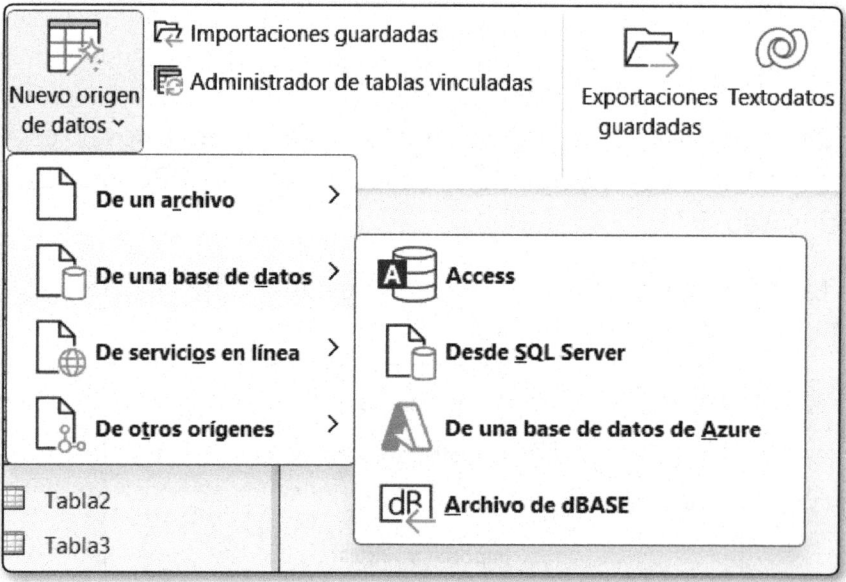

Importar de una base de datos

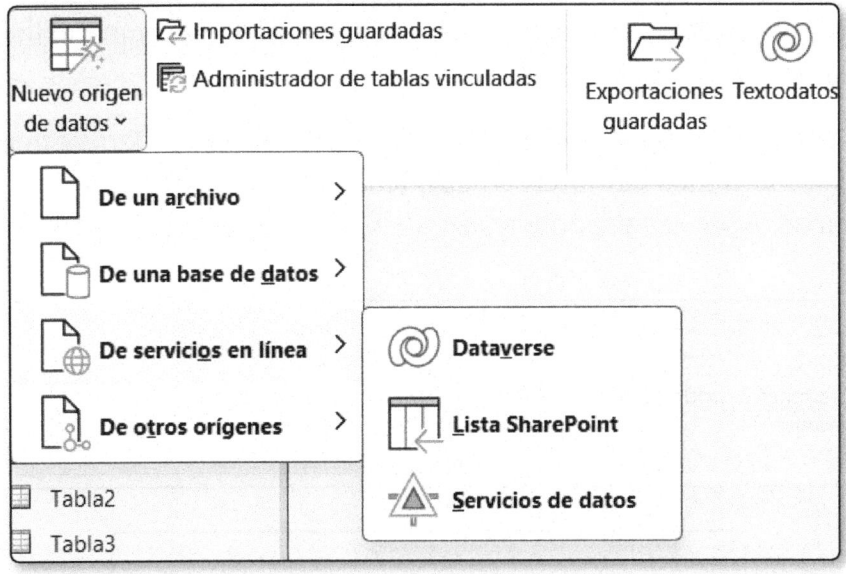

Importar de servicios en línea

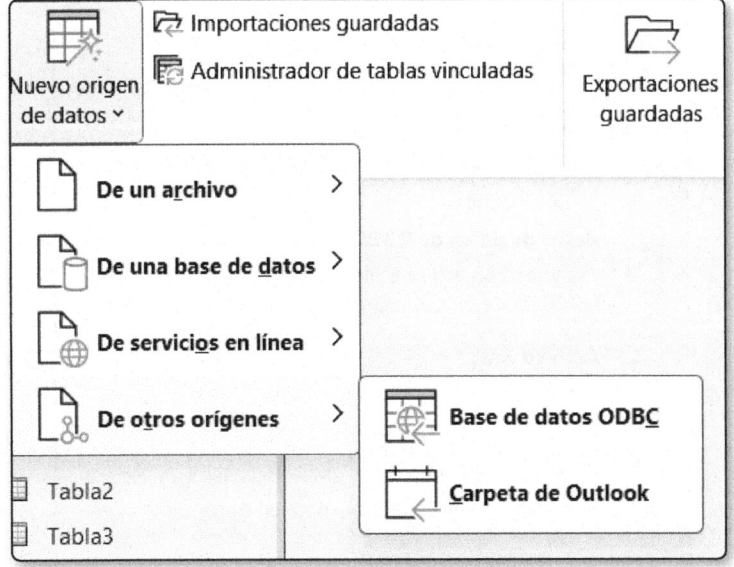

Importar de otros orígenes

El asistente guía la asignación de campos, la elección de tipos de datos y la creación de claves primarias, evitando incompatibilidades mediante vistas preliminares.

La exportación también se activa desde la pestaña "Datos externos" y admite formatos como Excel, CSV, XML, PDF/XPS o incluso Word con combinación de correspondencia.

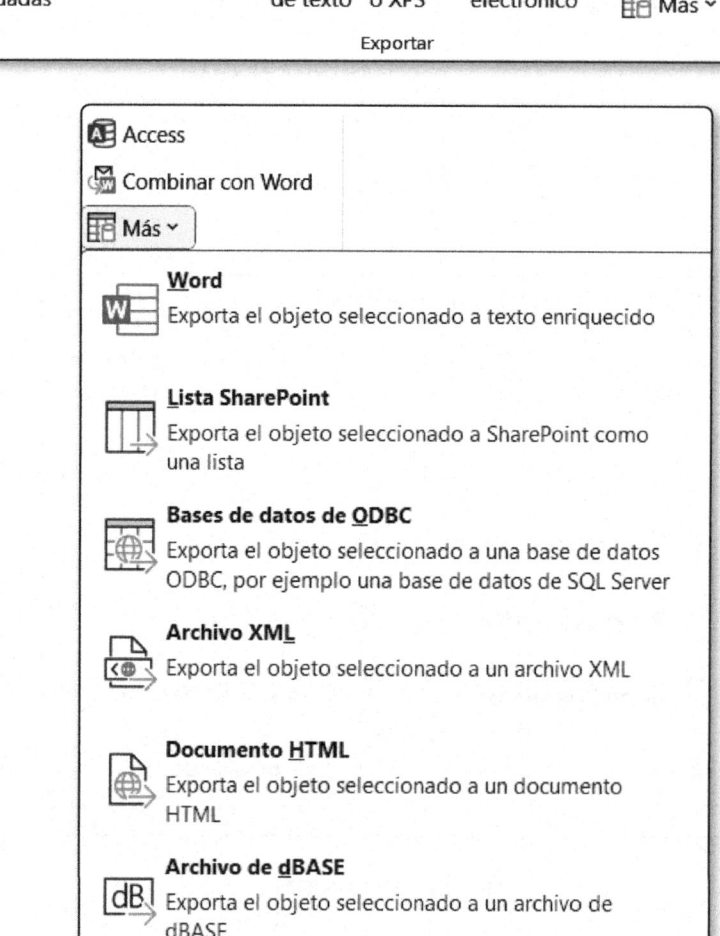

Para grandes volúmenes dirigidos a almacenes de datos relacionales, se configura una conexión ODBC y se envían lotes mediante consultas de anexión. El proceso se acompaña de verificaciones: comparación de recuentos, control de duplicados y generación opcional de un archivo de log que detalle registros aceptados y rechazados.

En ambas direcciones, conviene normalizar caracteres especiales y definir un juego de caracteres UTF-8 o Windows-1252, según el destino. La transformación previa de fechas, decimales y valores booleanos —por ejemplo, "Sí/No" a 1/0— evita discrepancias con aplicaciones que interpretan los datos de forma diferente. La combinación de asistentes, especificaciones guardadas y automatización con VBA o PowerShell conforma una arquitectura que suministra datos limpios y consistentes al ecosistema que rodea la base de Access.

5

Diseño de consultas de selección

A lo largo de este apartado se detalla el proceso de creación de consultas en Access, desde la definición de criterios y condiciones hasta su ejecución y guardado. Se explica cómo modificar consultas para refinar los resultados y la forma de imprimir o gestionar las salidas, lo que facilita el análisis de la información y la toma de decisiones basadas en datos concretos.

5.1 CREACIÓN, EJECUCIÓN Y GUARDADO DE CONSULTAS

El ciclo de vida de una consulta comienza en el momento en que se define la necesidad de responder a una pregunta concreta sobre los datos almacenados. En Microsoft Access, la construcción se emprende desde la pestaña "Crear" y puede seguir dos rutas: diseñador gráfico o vista SQL.

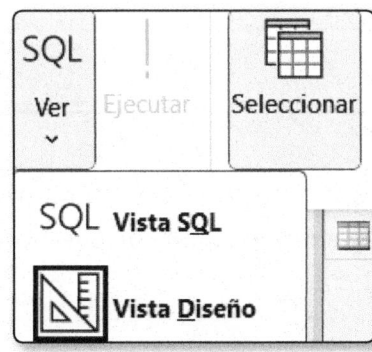

El diseñador permite arrastrar las tablas deseadas a la cuadrícula, establecer uniones automáticas cuando existen relaciones y seleccionar los campos que formarán parte del resultado.

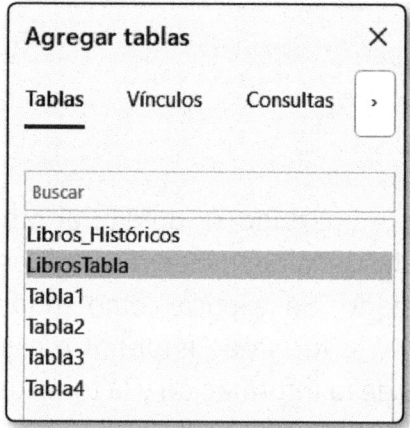

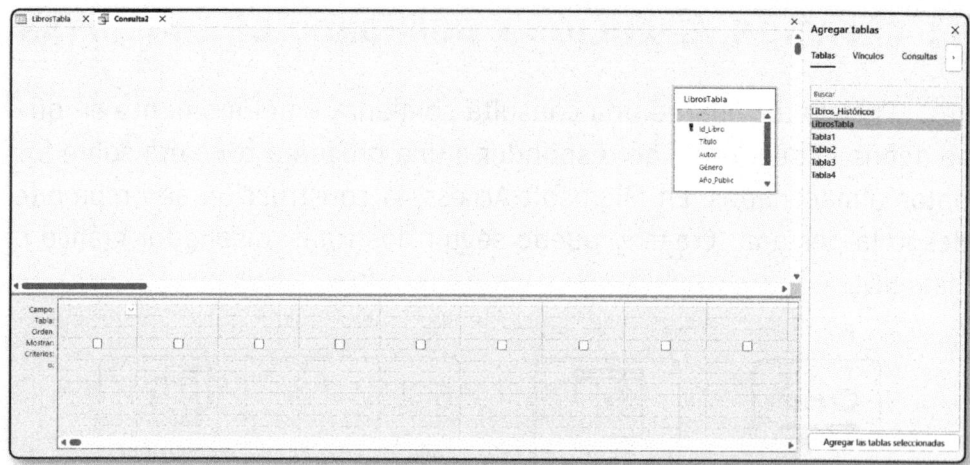

A cada columna se le pueden asignar alias descriptivos y funciones de agregación —suma, promedio o conteo— que facilitan resúmenes estadísticos.

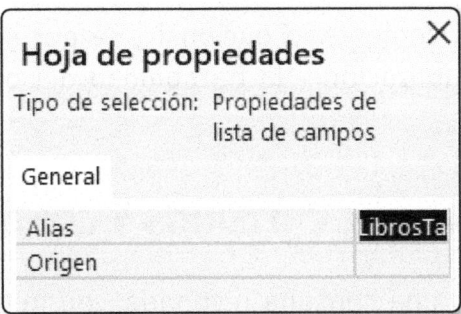

En vista SQL, la instrucción se redacta manualmente, lo que otorga libertad para crear subconsultas, expresiones de agregado avanzadas y cláusulas UNION que combinen conjuntos heterogéneos de datos.

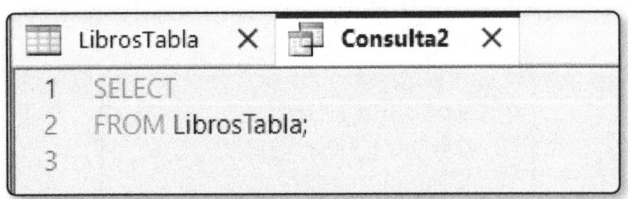

Una vez definida la consulta, el botón "Ejecutar" compila la sintaxis, comprueba la integridad referencial y muestra el resultado en formato de hoja de datos.

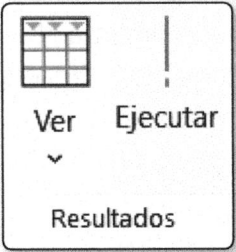

Si se detectan errores de tipo o referencias inexistentes, el analizador SQL indica la línea y el carácter problemático, guiando la corrección.´

El guardado se efectúa al cerrar la consulta; Access solicita un nombre corto y un comentario opcional que documenta la finalidad, promoviendo la reutilización y la trazabilidad del objeto dentro de la base.

5.2 MODIFICACIÓN DE CRITERIOS Y CONDICIONES

La revisión de una consulta responde, con frecuencia, a cambios en los requisitos de negocio. Para ajustar filtros o agregar condiciones basta con regresar a la vista de diseño.

Los criterios se introducen en la fila "Criterios" utilizando operadores lógicos (>, <, =, LIKE, BETWEEN, IN) y comodines (*, ?) que habilitan comparaciones flexibles.

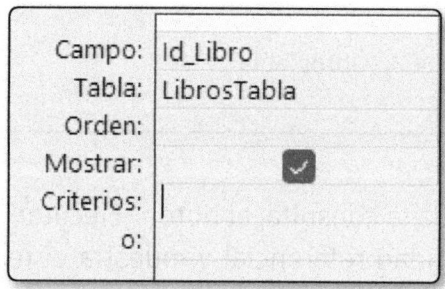

Acciones como transformar una consulta de selección en una de actualización se realizan desde la cinta "Diseño de consulta", donde la lista desplegable "Tipo de consulta" ofrece anexión, creación de tablas, eliminación o actualización masiva.

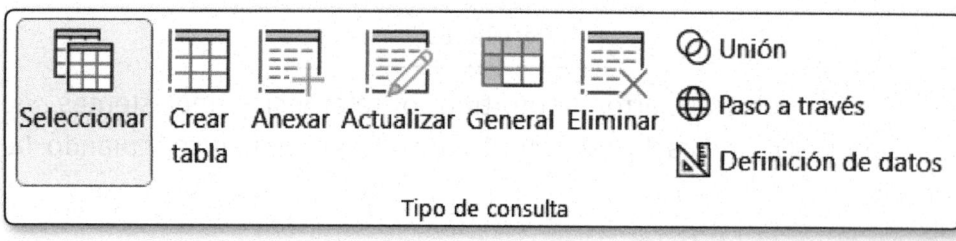

Al cambiar el tipo, Access agrega filas específicas —"Actualizar a", "Agregar a", "Eliminar"— que indican la naturaleza de la operación, y muestra advertencias sobre posibles consecuencias en cascada.

Cada modificación queda registrada en el historial del objeto, permitiendo revertir a versiones anteriores mediante la función "Guardar como" con un sufijo de fecha.

5.3 IMPRESIÓN Y GESTIÓN DE RESULTADOS

El resultado de una consulta constituye un conjunto dinámico que puede imprimirse directamente o trasladarse a formatos más elaborados.

Desde la vista hoja de datos, la opción "Archivo → Imprimir → Imprimir" envía la cuadrícula a la impresora con cabeceras de campo y numeración de páginas automática; un cuadro de diálogo previo permite definir márgenes, orientación y escalado. Sin embargo, para informes de presentación profesional se recomienda transformar la consulta en origen de un informe; el asistente de informes importa la estructura de campo, propone agrupaciones y dispone títulos y subtotales en cuestión de segundos. El informe resultante admite edición en vista diseño para insertar logotipos, líneas de firma o códigos de barras que agilitan la distribución física.

En cuanto a la gestión digital, como sabemos, los resultados pueden exportarse con un clic a Excel, CSV o PDF utilizando la cinta "Datos externos". El exportador conserva nombres de campo, formato de fecha y longitud de texto, garantizando compatibilidad con herramientas de análisis o correo electrónico.

Para operaciones reiteradas —por ejemplo, un informe semanal de ventas— la exportación se guarda como especificación y se vincula a una macro AutoExec, de modo que al abrir la base se genera el archivo y se envía mediante Outlook sin intervención manual. Finalmente, un registro de auditoría comprueba el número de filas devueltas y almacena un hash SHA-256 del conjunto, preservando la integridad y facilitando validaciones de cumplimiento en entornos regulados. Con estas prácticas, los resultados de las consultas se convierten en información procesable, compartida con rapidez y sustentada por mecanismos que aseguran consistencia y rastreo completo.

Caso práctico

Contextualizado: Gestión de Biblioteca Escolar "Cervantes"

La Biblioteca Escolar "Cervantes" desea implementar una base de datos para administrar eficientemente su catálogo de libros, préstamos y usuarios.

• **PASO 1. Creación de la estructura de campos (Vista Diseño)**

Creamos una tabla llamada usando la **Vista Diseño**, donde definimos claramente cada campo:

Tabla1 ✕	
Nombre del campo	**Tipo de datos**
Id_Libro	Autonumeración
Título	Texto corto
Autor	Texto corto
Género	Texto corto
Año_Public	Número
Precio	Moneda
Fecha_Compra	Fecha/Hora

▸ La **clave primaria** será ID_Libro (para asegurar unicidad).

▼ Añadimos comentarios descriptivos en cada campo en la propiedad "Descripción" para facilitar comprensión rápida.

Descripción (opcional)
Número único que identifica cada libro automáticamente.
Nombre completo del libro tal como aparece en la portada.
Apellido(s) y nombre del autor principal o del editor del libro.
Categoría literaria del libro (novela, poesía, ensayo, etc.).
Año en que se publicó originalmente esta edición del libro.
Precio del libro en euros (€), IVA incluido.
Fecha exacta en que la biblioteca adquirió este ejemplar.

• **PASO 2.** Registro de datos (Vista Hoja de Datos)

En la **Vista Hoja de Datos**, introducimos algunos registros manualmente para ilustrar:

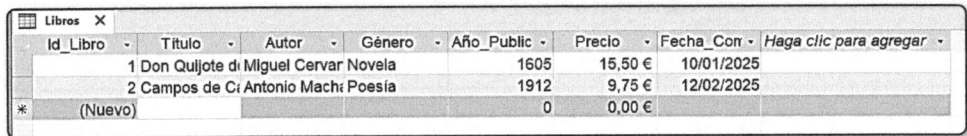

▼ Access verifica automáticamente el tipo de datos y las reglas que hemos definido en la fase anterior.

• **PASO 3.** Introducción masiva desde Excel (importación)

La biblioteca recibe una lista extensa de nuevos libros en formato Excel. Usamos:

▼ **Datos externos → Nuevo origen de datos → Desde Archivo → Excel.**

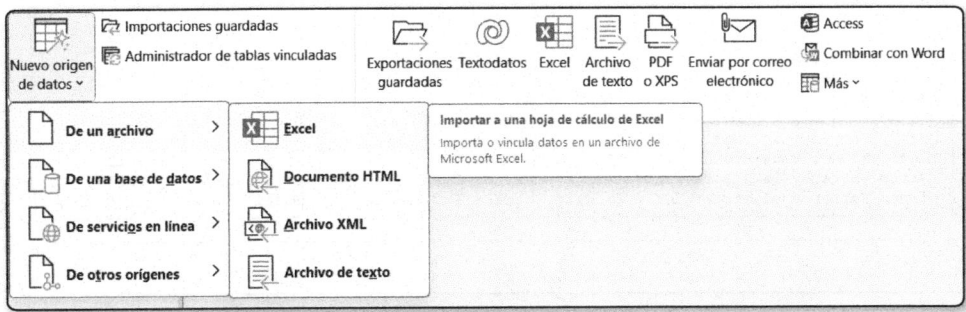

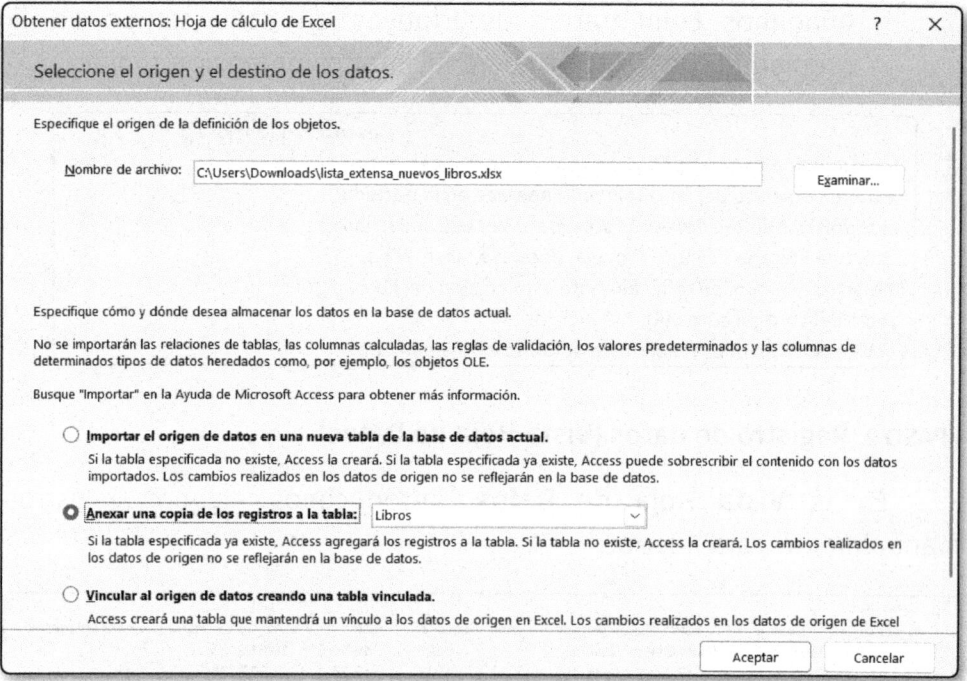

▶ Seguimos el asistente que facilita la importación automática respetando los campos ya definidos.

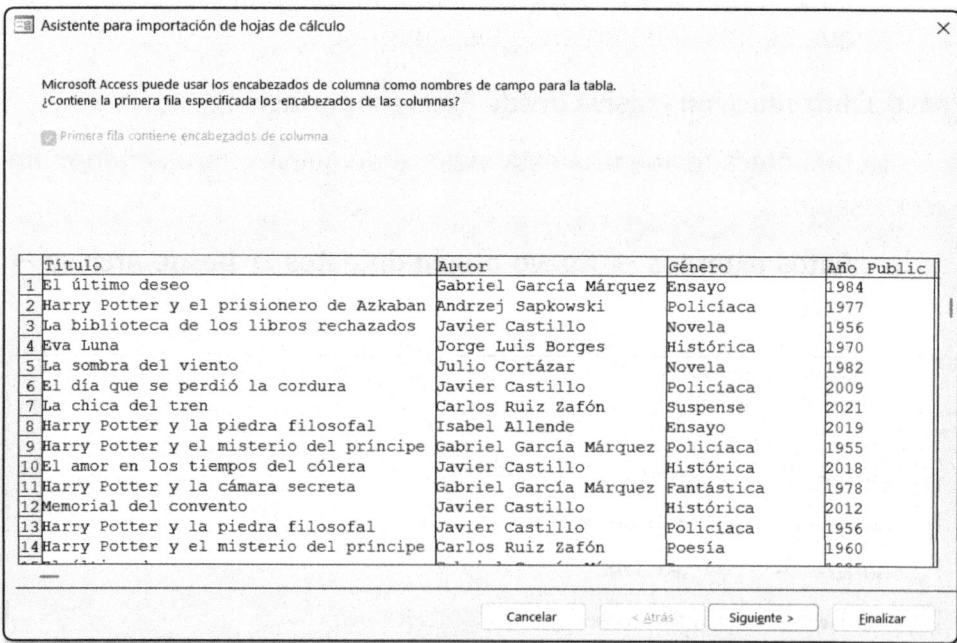

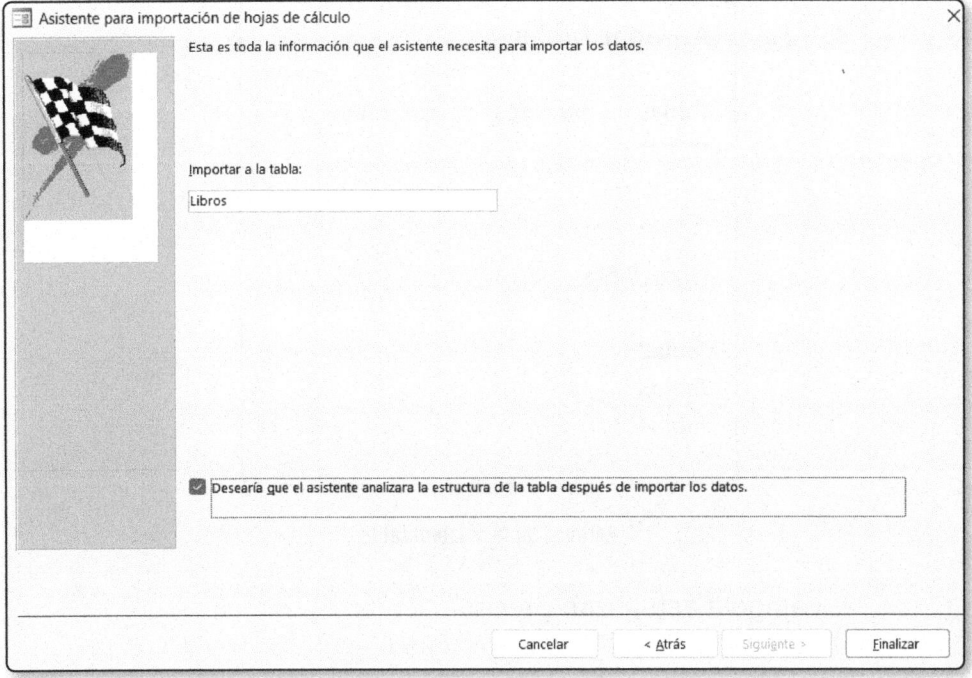

• PASO 4. Modificación de datos (Vista Hoja de Datos y consultas)

Corrección directa (Vista Hoja de Datos):

▸ Supongamos que nos equivocamos en el precio del libro "Campos de Castilla". Basta con clicar en la celda y corregir directamente de 9,75 € a 11,00 €.

Consulta de actualización (modificación masiva):

▸ Para actualizar el precio aumentando un 10% a todos los libros anteriores al año 2000:
- Creamos una **Consulta de actualización**.

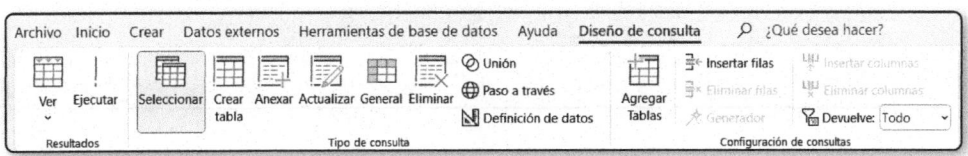

Diseño de consulta > Seleccionar

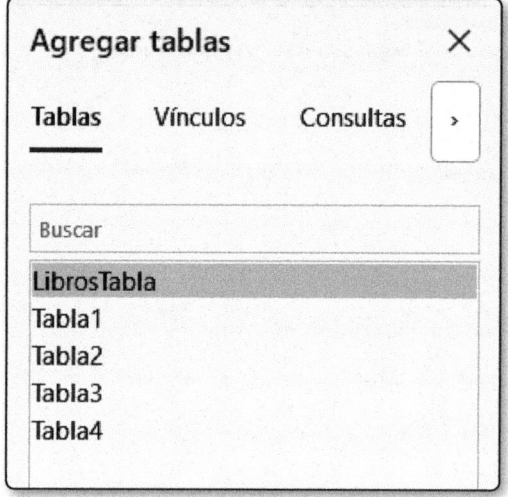

Agregar tabla > LibrosTabla

- Campo a actualizar: precio.´

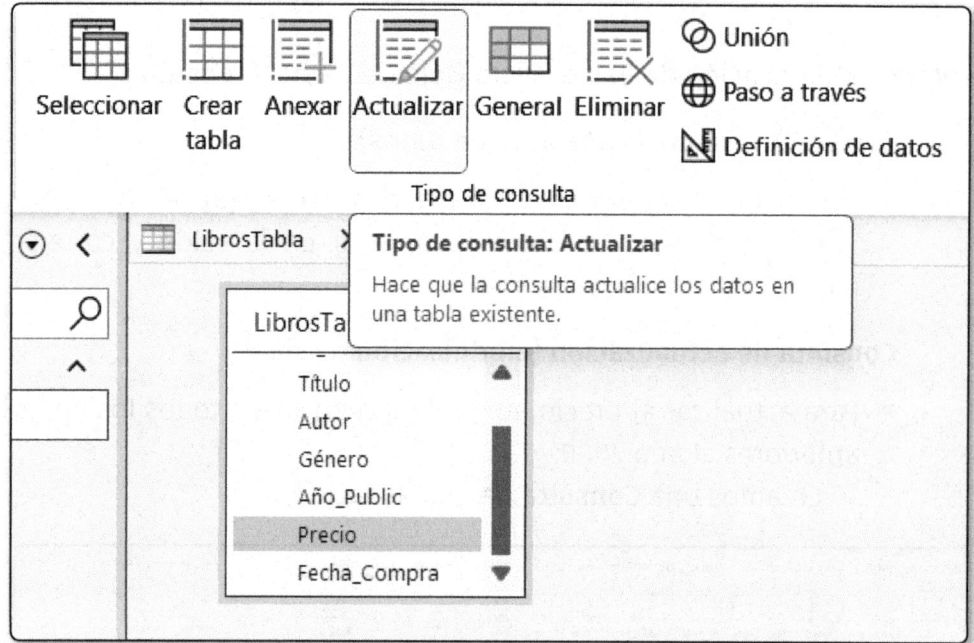

Tipo de Consulta > Actualizar > Precio

- Expresión de actualización: actualizar a: [LibrosTabla]. [Precio]*1,1.

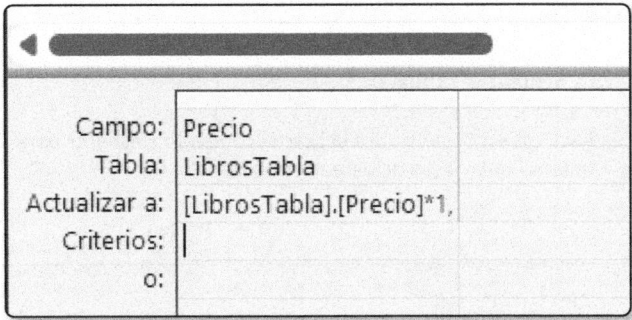

- Criterios: [Año_Public] < 2000.

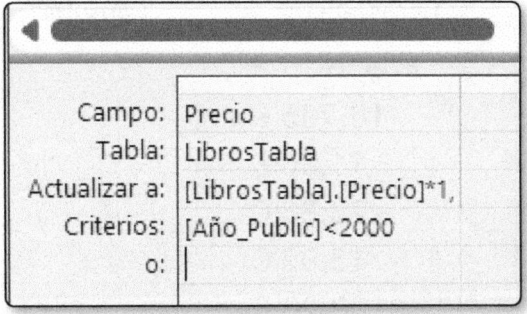

- Se ejecuta la consulta.

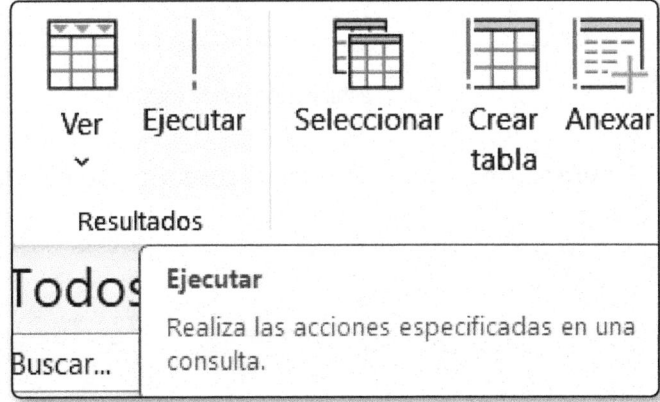

- Se acepta para aplicar los cambios.

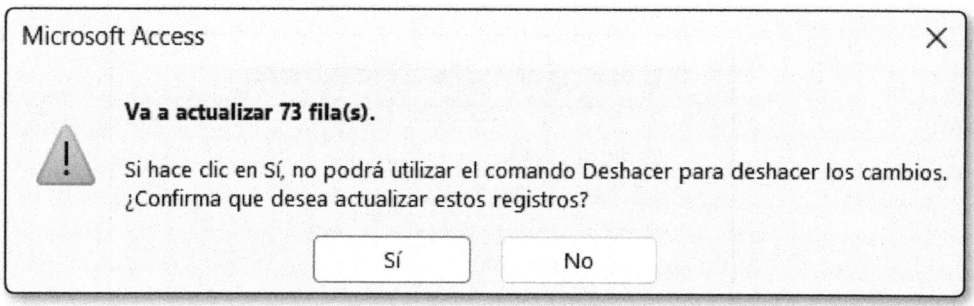

- Los cambios se pueden revisar en la Vista Hoja De Datos.

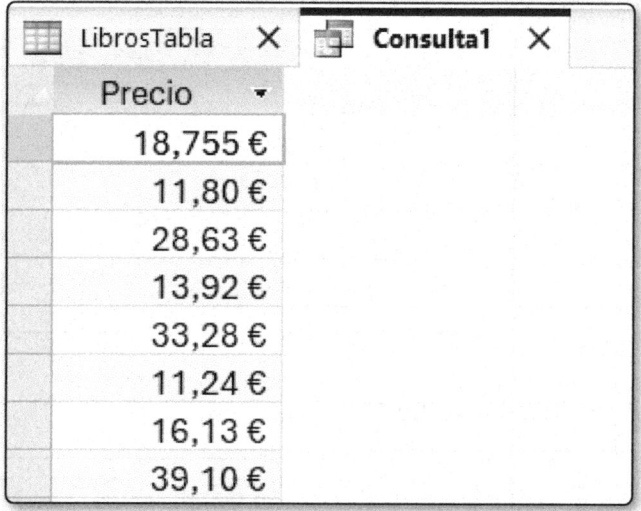

Precios actualizados tras la consulta

• PASO 5. Eliminación segura de datos (consulta de eliminación)

▸ La biblioteca decide retirar libros de antes de 1990 para revisar si están dañados.

▶ Creamos una **Consulta de eliminación** con criterio:

Año_Public < 1990

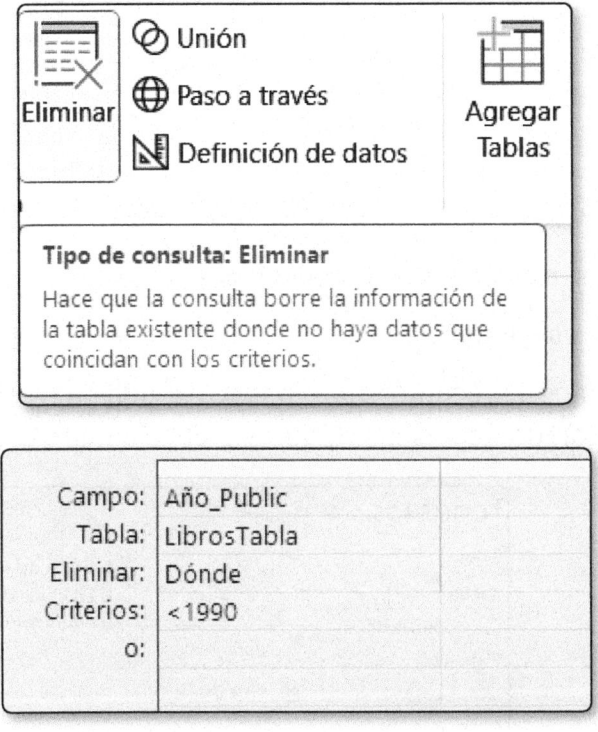

▶ Access solicitará confirmación previa antes de ejecutar esta acción.

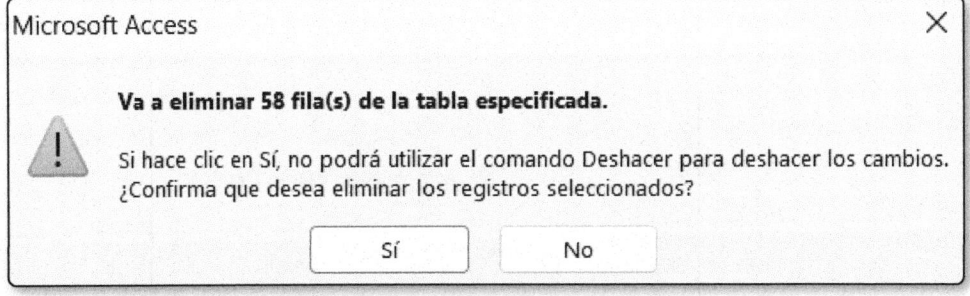

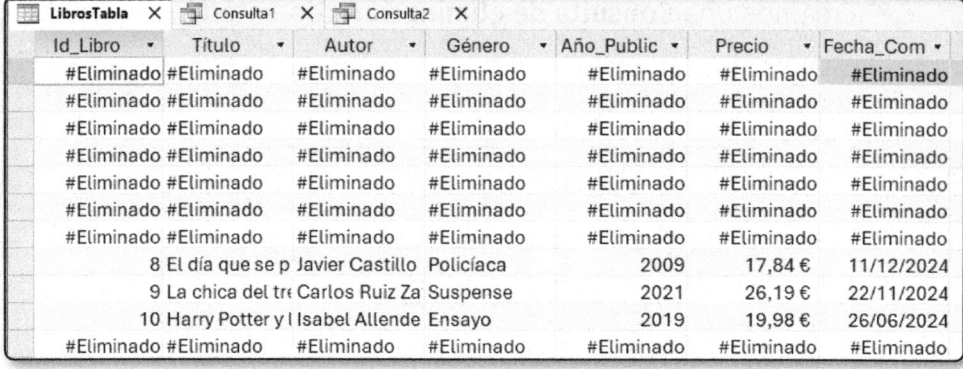

Id_Libro ▾	Título ▾	Autor ▾	Género ▾	Año_Public ▾	Precio ▾	Fecha_Com ▾
#Eliminado	#Eliminado	#Eliminado	#Eliminado	#Eliminado	#Eliminado	#Eliminado
#Eliminado	#Eliminado	#Eliminado	#Eliminado	#Eliminado	#Eliminado	#Eliminado
#Eliminado	#Eliminado	#Eliminado	#Eliminado	#Eliminado	#Eliminado	#Eliminado
#Eliminado	#Eliminado	#Eliminado	#Eliminado	#Eliminado	#Eliminado	#Eliminado
#Eliminado	#Eliminado	#Eliminado	#Eliminado	#Eliminado	#Eliminado	#Eliminado
#Eliminado	#Eliminado	#Eliminado	#Eliminado	#Eliminado	#Eliminado	#Eliminado
#Eliminado	#Eliminado	#Eliminado	#Eliminado	#Eliminado	#Eliminado	#Eliminado
8	El día que se p	Javier Castillo	Policíaca	2009	17,84 €	11/12/2024
9	La chica del tre	Carlos Ruiz Za	Suspense	2021	26,19 €	22/11/2024
10	Harry Potter y l	Isabel Allende	Ensayo	2019	19,98 €	26/06/2024
#Eliminado	#Eliminado	#Eliminado	#Eliminado	#Eliminado	#Eliminado	#Eliminado

• PASO 6. Copias, movimientos y reemplazos

Copia de estructura:

▰ Copiamos estructura y datos para crear una nueva tabla temporal:

- Botón derecho sobre la tabla LibrosTabla → Copiar.

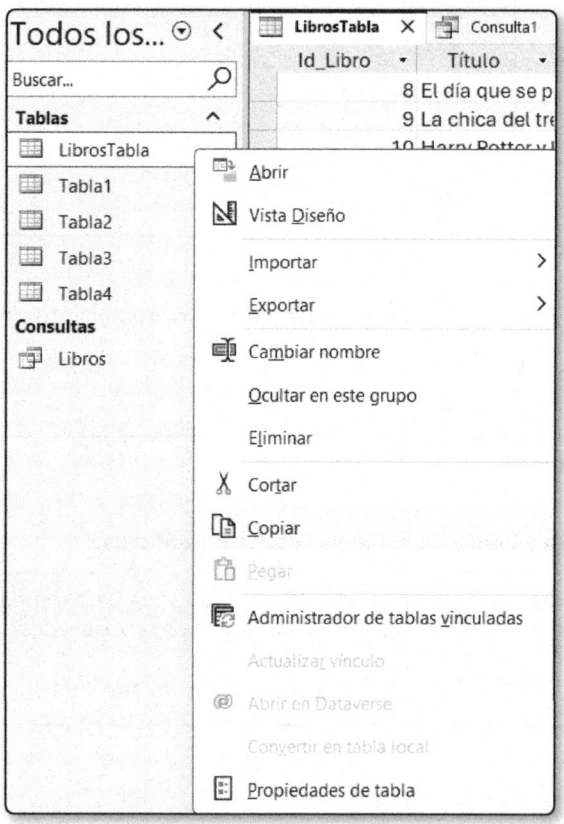

- Pegamos la tabla en la zona gris de la izquierda ,donde se encuentran el resto de las tablas, con un nombre como Copia de LibrosTabla.

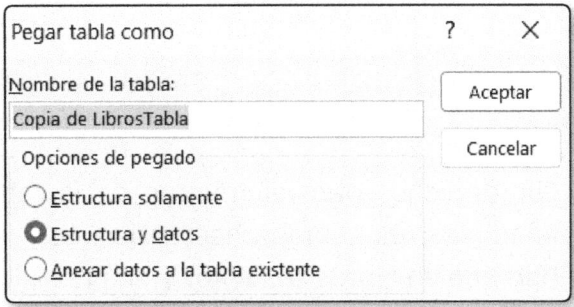

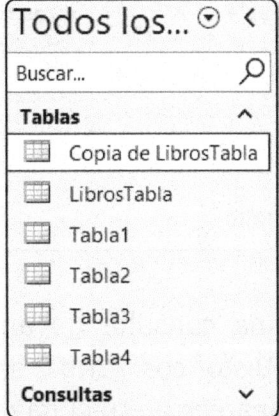

Movimientos (consulta de anexión):

▶ Por ejemplo, para mover libros publicados has el año 2.000 a una tabla histórica:

- Crear la tabla.

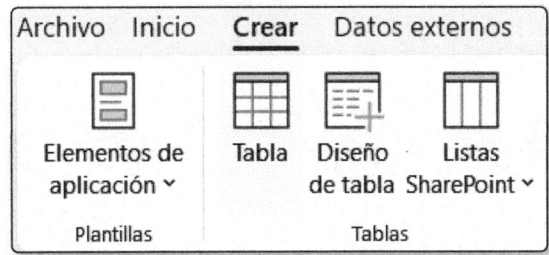

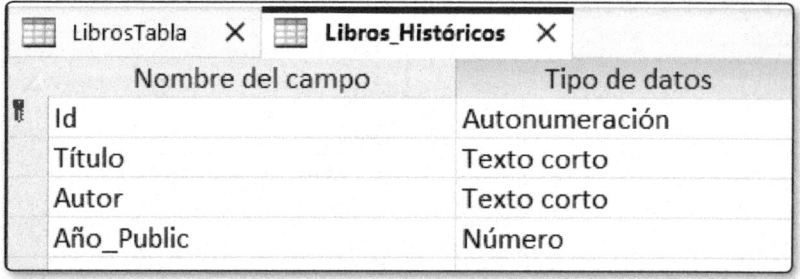

- Clic derecho sobre el nombre de la tabla → Vista Diseño. Añadimos los campos necesarios, con el mismo nombre y tipo que en LibrosTabla. Por ejemplo:

LibrosTabla ✕ Libros_Históricos ✕	
Nombre del campo	**Tipo de datos**
Id	Autonumeración
Título	Texto corto
Autor	Texto corto
Año_Public	Número

- Creamos una consulta de anexión para insertar registros en Libros_Históricos. Arriba, en la cinta superior, haz clic en "Anexar" (aparece en tu cinta como "Anexar").

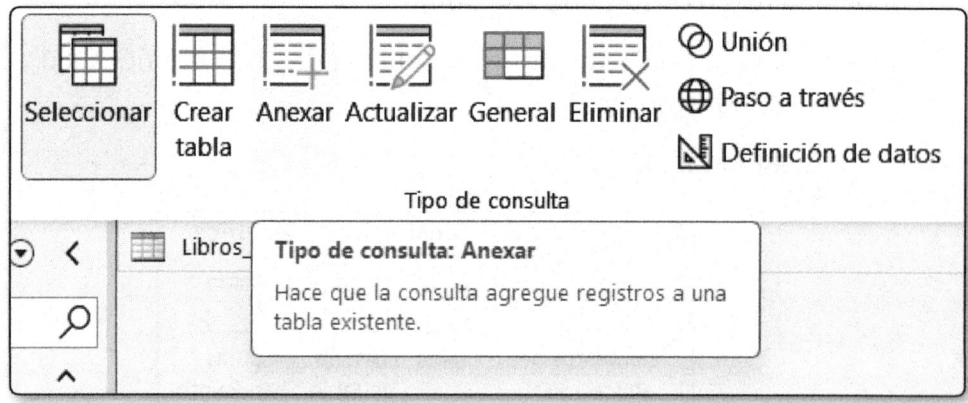

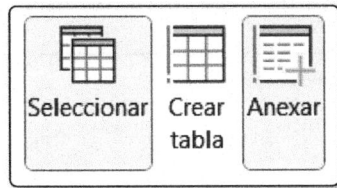

- Access te preguntará a qué tabla quieres anexar los registros. Selecciona Libros_Históricos.

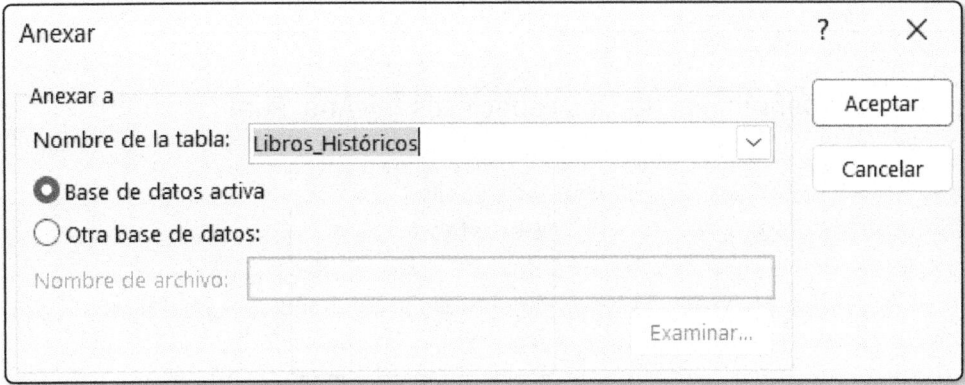

- Agrega los campos de la tabla LibrosTabla que quieres copiar. Haz doble clic en los campos que quieras mover. Por ejemplo:

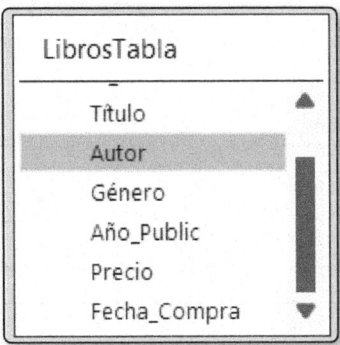

  - Título
  - Autor
  - Año_Public

- Esto rellenará la cuadrícula inferior automáticamente.

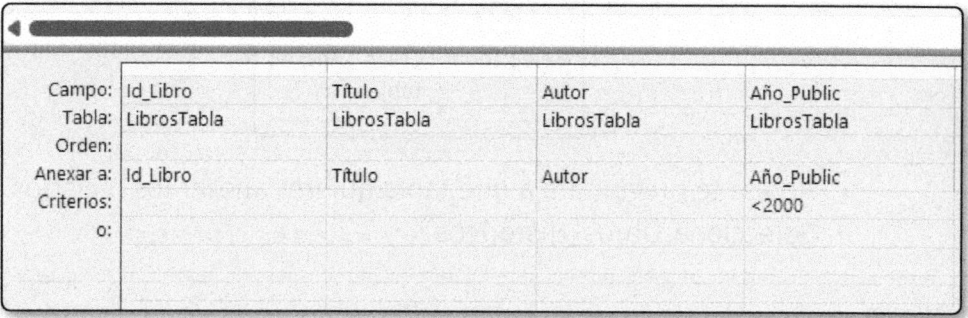

- Definimos criterios específicos (ej. Año_Public < 2000).

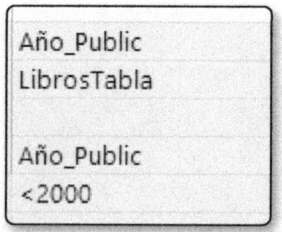

- Seleccionamos ejecutar.

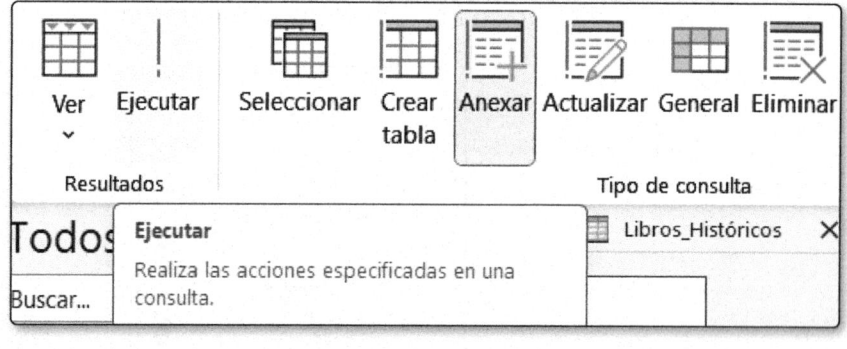

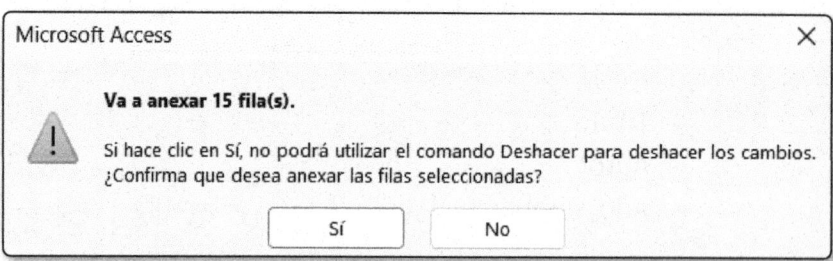

- Al situarnos en la Vista Hoja de Datos se aprecian los resultados.

Id	Título	Autor	Año_Public	Haga clic para agregar
19	Harry Potter y	Javier Castillo	1999	
27	La verdad sobr	Gabriel García	1992	
28	Rayuela	Carlos Ruiz Za	1991	
31	Reina roja	David Foenkin	1997	
37	El Aleph	Gabriel García	1992	
47	La chica del tre	Jorge Luis Borg	1992	
49	Loba negra	Mario Vargas L	1992	
51	El prisionero d	Carlos Ruiz Za	1990	
61	Rayuela	J.K. Rowling	1992	
63	El prisionero d	Carlos Ruiz Za	1997	
68	La biblioteca d	Gabriel García	1993	
75	La chica del tre	Javier Castillo	1993	
99	La verdad sobr	Andrzej Sapko	1991	
100	Pantaleón y la	Jorge Luis Borg	1997	
102	Harry Potter y l	Jorge Luis Borg	1994	
* (Nuevo)			0	

Reemplazo masivo:

▶ Cambiar "Poesía" por "Poemario" de la tabla LibrosTabla.

  • Usamos consulta de actualización con criterio Género =
    "Poesía" y actualizamos a "Poemario".

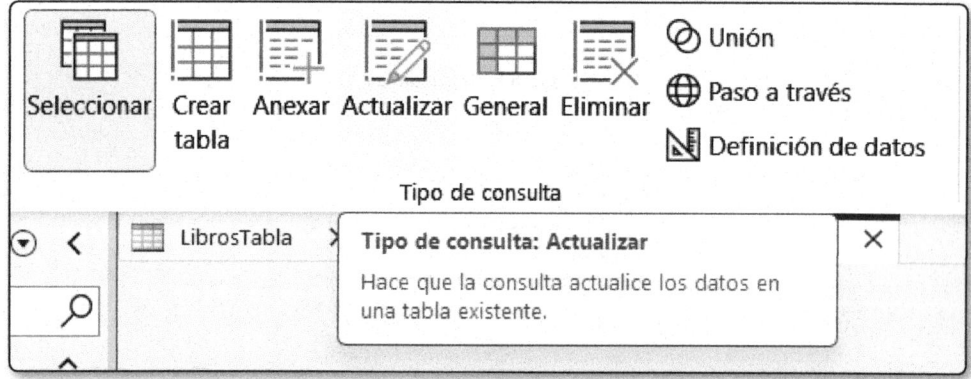

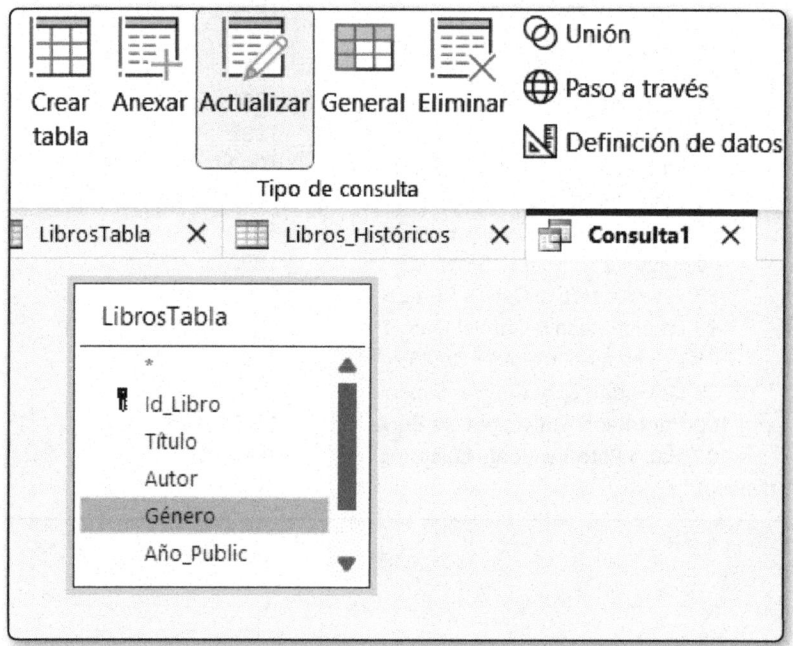

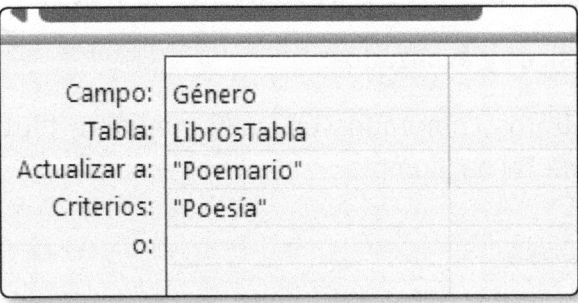

- Ejecutamos la consulta.

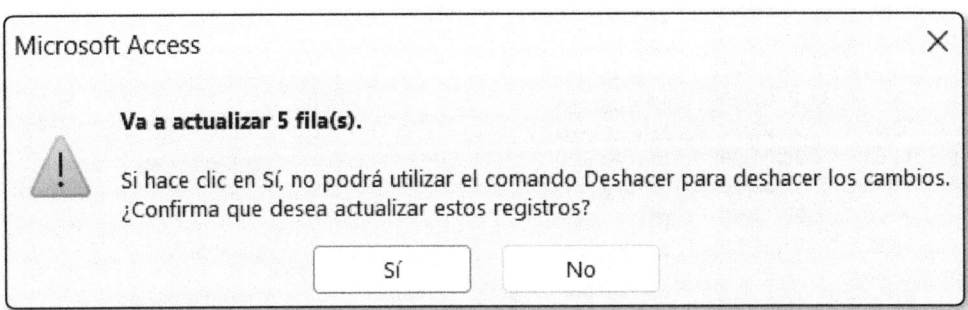

48	El silencio de l	Carlos Ruiz Za	Ensayo	2020	33,85 €	29/05/2024
49	Loba negra	Mario Vargas L	Poemario	1992	22,99 €	19/01/2025
50	Los ritos del aç	J.K. Rowling	Suspense	2015	31,18 €	16/08/2024
51	El prisionero d	Carlos Ruiz Za	Policíaca	1990	29,67 €	16/05/2024
52	Harry Potter y I	David Foenkinc	Policíaca	2024	24,68 €	26/11/2024
55	El laberinto de	Jorge Luis Borg	Histórica	2019	24,39 €	27/01/2025
57	La verdad sobr	Joël Dicker	Fantástica	2012	23,36 €	23/12/2024
60	La ciudad y los	Mario Vargas L	Poemario	2005	27,11 €	30/06/2024

• PASO 7. Aplicación de filtros y ordenaciones prácticas

Filtros básicos y avanzados:

> ▸ Filtrar libros comprados en 2025 mediante filtro rápido en la columna Fecha_Compra.

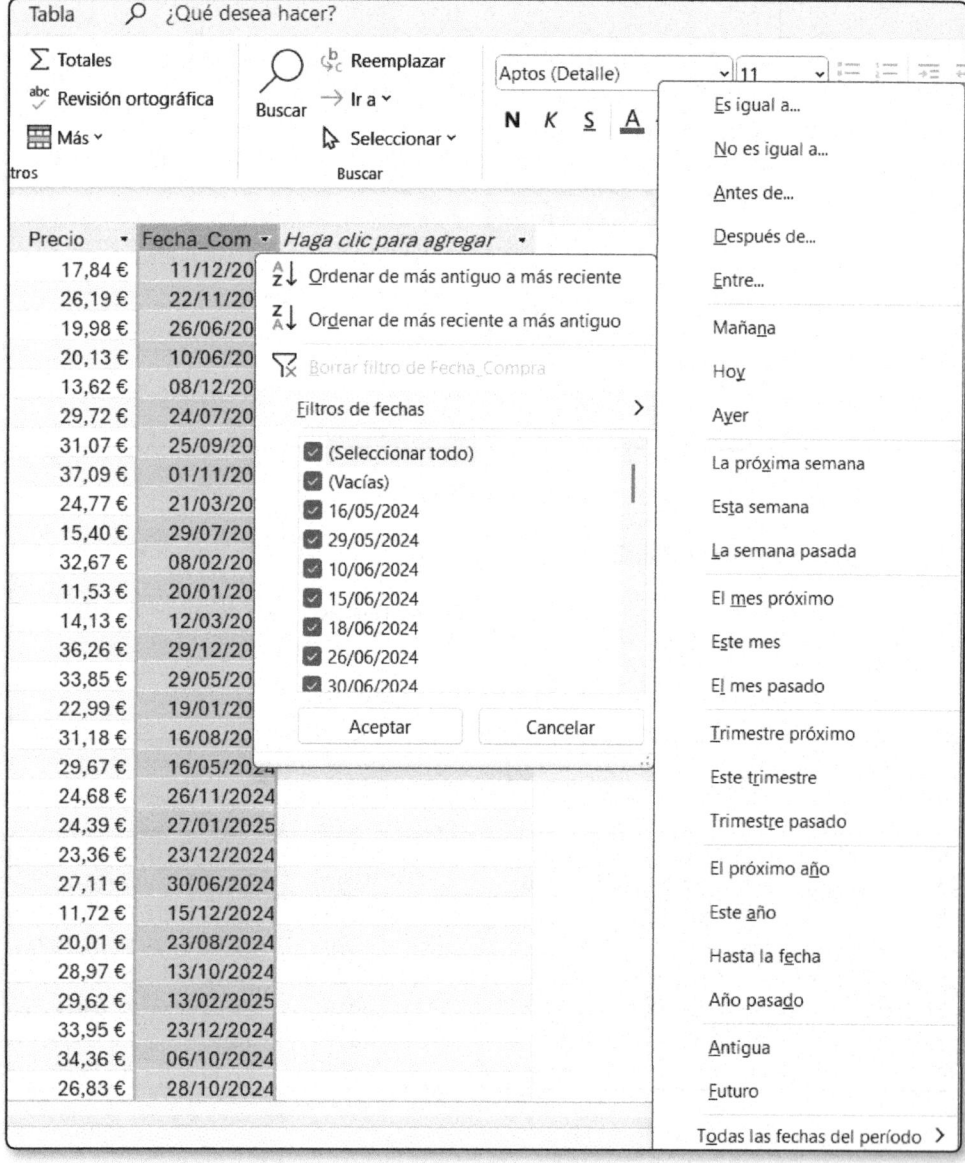

▶ Para filtrar libros cuyo precio está entre 10 y 20 euros:

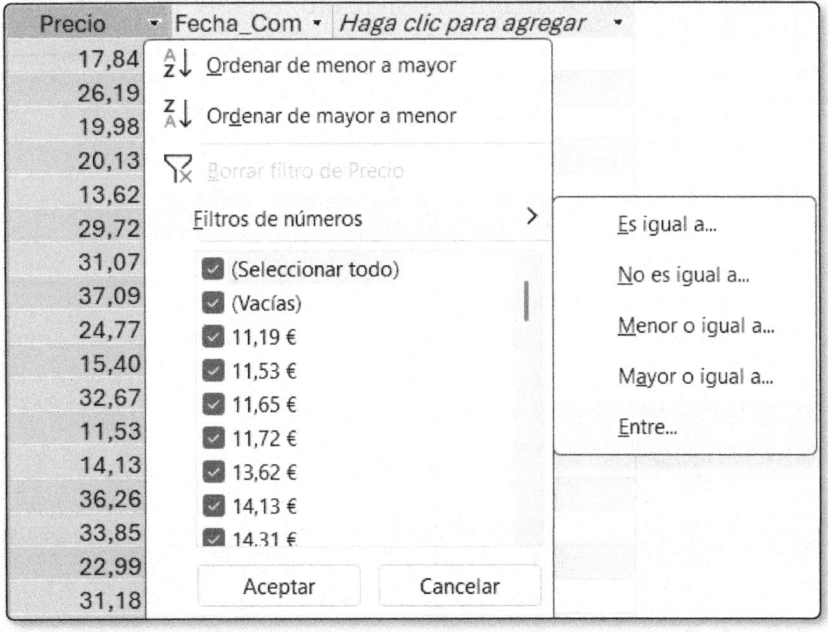

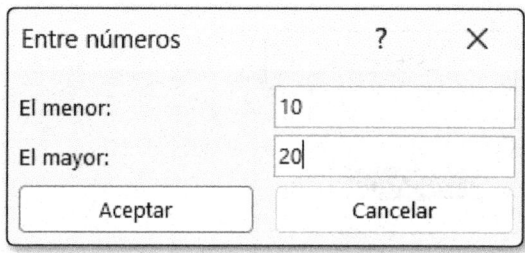

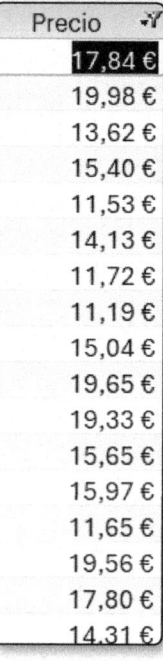

Ordenación práctica:

▸ Para priorizar revisión de libros antiguos, ordenamos primero por Año_Public y después por Título (alfabético).

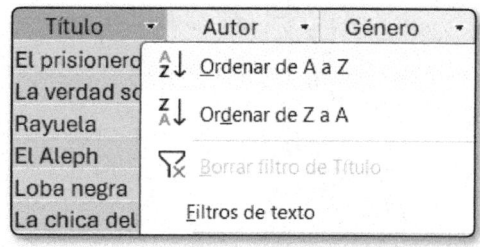

• PASO 8. Búsquedas eficaces

▸ Utilizando la función de búsqueda localizamos rápidamente libros por título, autor, etc.

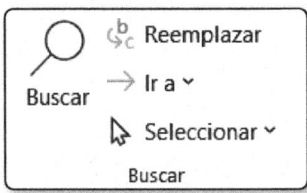

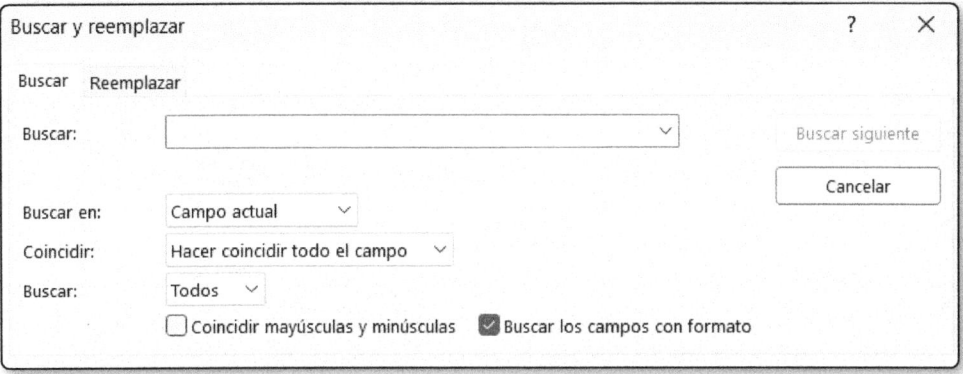

▸ También es posible realizar búsquedas mediante el atajo Ctrl + B.

Buscar (Ctrl+B)

Busca y reemplaza texto con opciones de búsqueda avanzadas, como Coincidir mayúsculas y minúsculas y Solo palabras completas.

Recomendaciones prácticas finales:

▶ Comentarios en campos: siempre documentar con claridad en la descripción.

▶ Uso de formularios: ideal para entrada y edición habitual.

▶ Consultas específicas: para grandes volúmenes, modificaciones o eliminaciones masivas.

▶ Copias de seguridad: antes de eliminaciones masivas, realizar backups.

6

Formularios e informes para análisis y presentación

Esta última parte de la unidad formativa se centra en la manipulación de datos a través de formularios, permitiendo introducir, modificar y mostrar información de forma visualmente clara. A su vez, se introduce el uso de informes para presentar resultados, aplicar filtros y vistas personalizadas, e incluso publicar documentos en formatos impresos o compatibles con otras aplicaciones, contribuyendo así a la profesionalización de la exposición de datos.

6.1 MANIPULACIÓN DE DATOS MEDIANTE FORMULARIOS

El formulario constituye la interfaz que media entre el usuario y la tabla, transformando las celdas planas en un lienzo intuitivo donde cada campo se materializa como un control: cuadros de texto, listas desplegables, botones de opción o selectores de fecha.

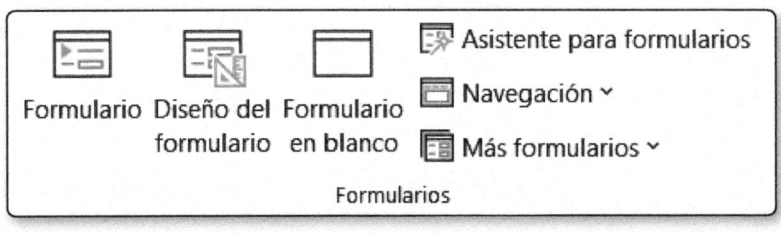

Durante la creación, el asistente de formularios examina la tabla o consulta origen, mientras que la vista Diseño brinda libertad para reorganizar elementos, aplicar temas y ajustar proporciones.

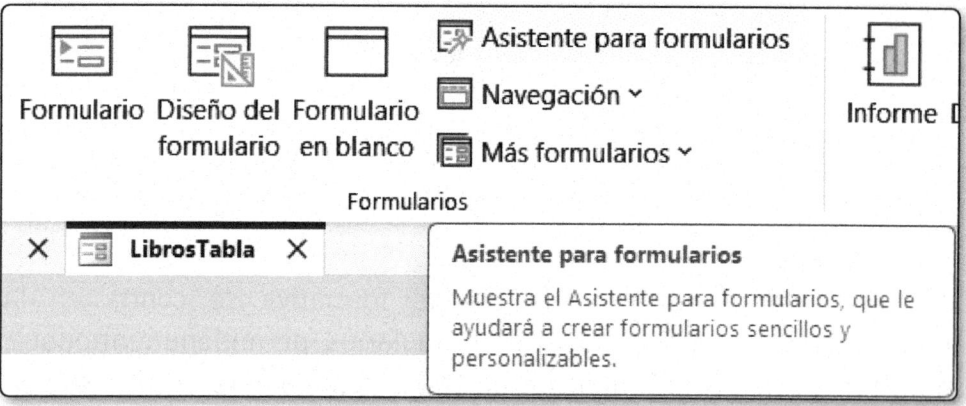

Crear formulario a través del asistente

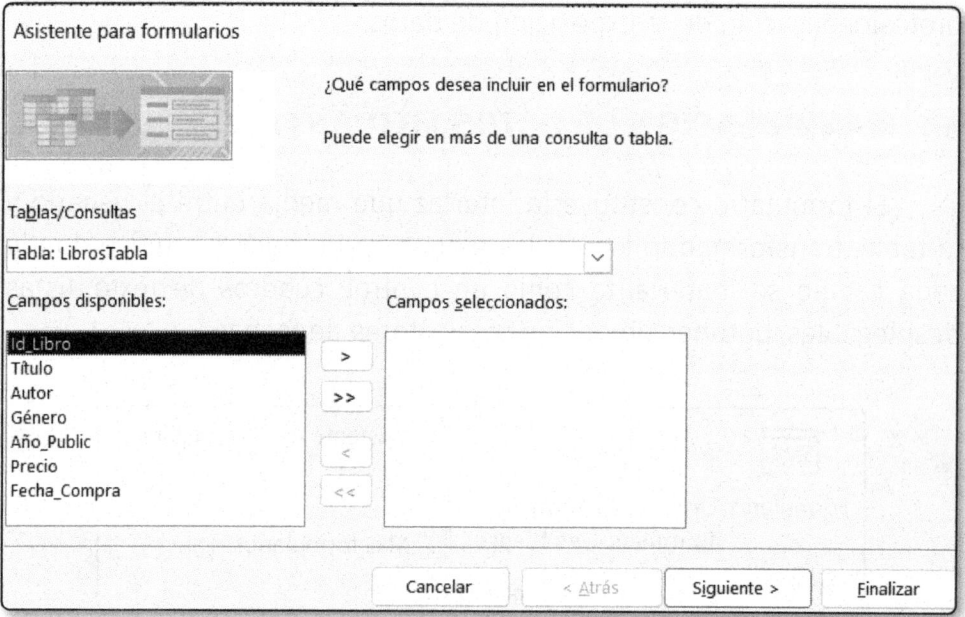

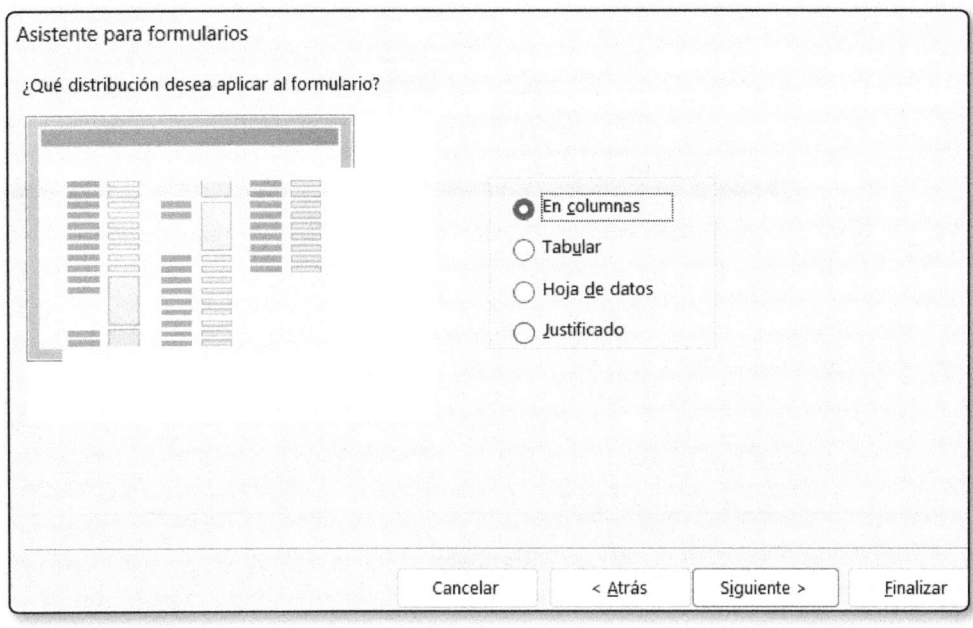

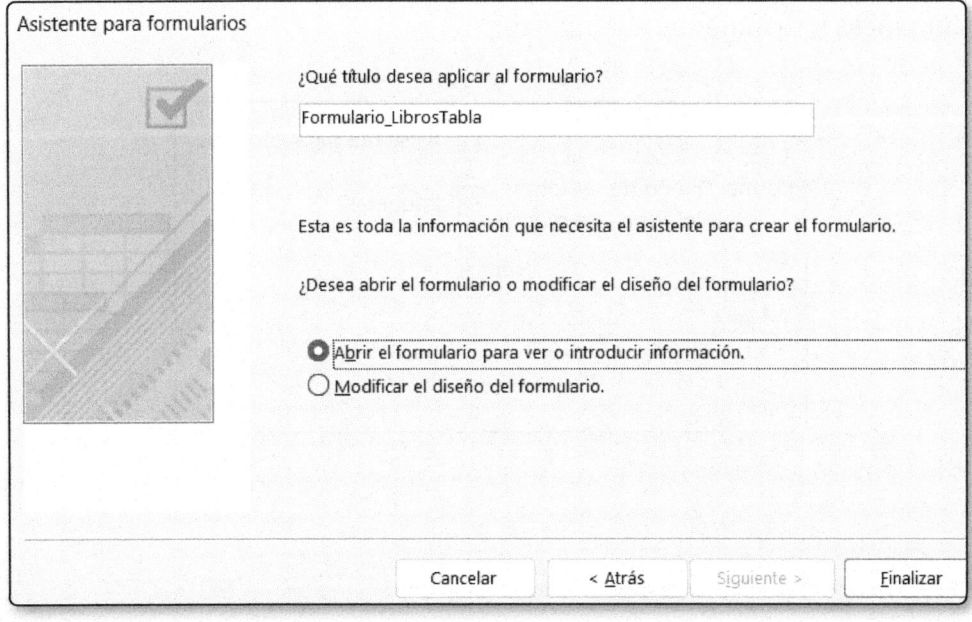

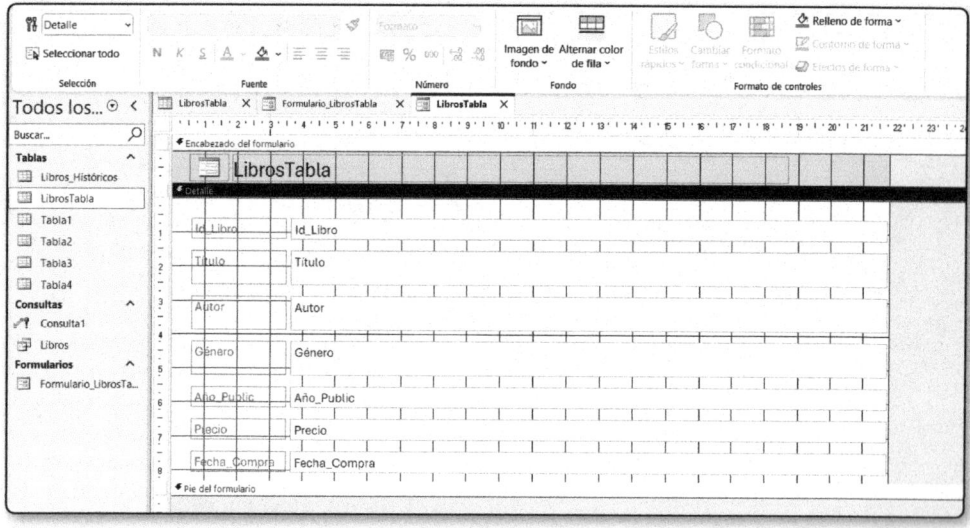

Vista Diseño

Para la presentación analítica, los formularios se combinan con informes que condensan grandes volúmenes en gráficos, tablas dinámicas y resúmenes estadísticos.

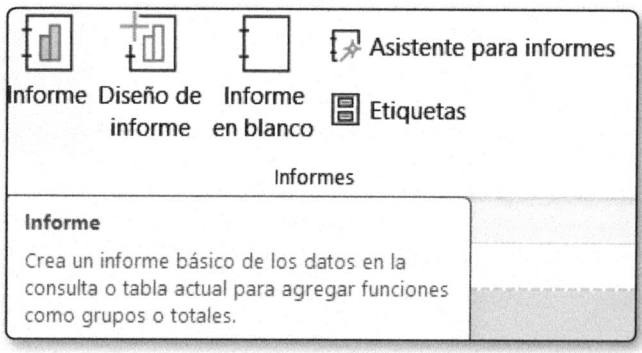

6.2 APLICACIÓN DE FILTROS Y VISTAS PERSONALIZADAS

El grupo **"Ordenar y filtrar"** de la pestaña **Inicio** en Microsoft Access. Presenta las siguientes opciones:

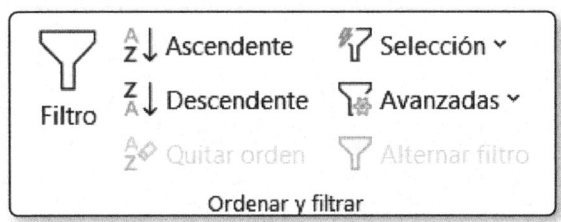

▸ Usa **"Selección"** para filtros rápidos en un solo clic.

▸ Usa **"Avanzadas > Filtro por formulario"** si quieres combinar varios criterios (por ejemplo, *Género = 'Novela'* y *Precio < 20*).

▸ Usa **"Alternar filtro"** para mostrar/ocultar rápidamente sin perder la configuración del filtro actual.

En el modo Hoja de datos, el usuario puede hacer clic en la flecha de filtro ubicada en la cabecera de cada campo para seleccionar valores, rangos o patrones con comodines. Access actualiza de forma inmediata el subconjunto visible y mantiene el criterio hasta que la sesión finaliza o el filtro se guarda de forma permanente.

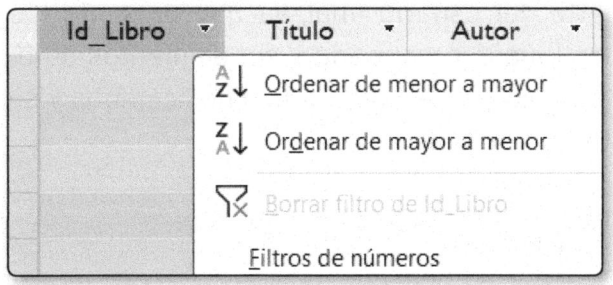

El uso de filtros agiliza consultas repetitivas y también reduce la carga sobre el motor de base de datos, ya que se aplican antes de que los datos se transfieran al cliente.

Por otro lado, Microsoft Access ofrece diferentes vistas para trabajar con formularios, cada una pensada para cubrir distintas necesidades según el momento del diseño o uso de la base de datos. Estas vistas —Formulario, Presentación y Diseño— permiten al usuario alternar entre la interacción directa con los datos, la personalización visual del entorno y la configuración técnica de los elementos que componen el formulario.

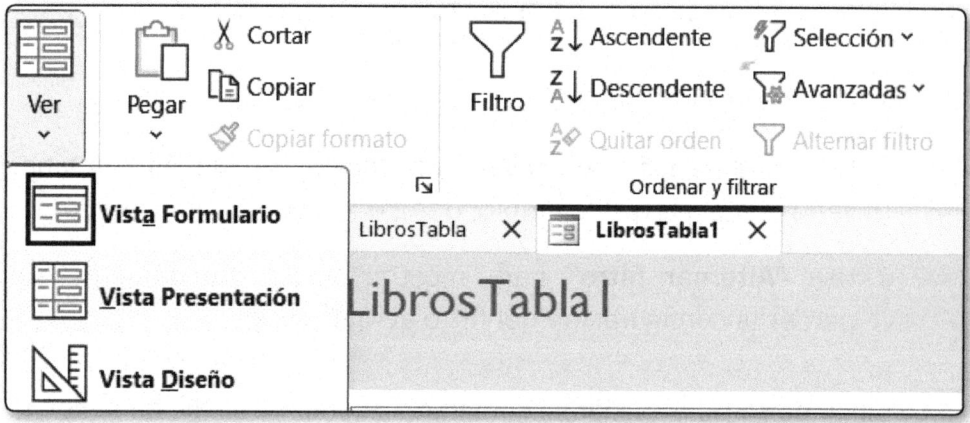

▸ **Vista Formulario:**

Es la vista que se utiliza para introducir, consultar o editar datos uno a uno de forma sencilla y visual. Está pensada para el uso por parte del usuario final, ya que presenta los datos en un formato limpio, organizado y sin elementos de diseño visibles. Ideal cuando se trabaja con muchos campos y se quiere evitar la vista tipo hoja de cálculo.

▶ **Vista Presentación:**

Permite modificar el diseño del formulario mientras se ven los datos reales. Es muy útil para ajustar el tamaño de los controles, cambiar el diseño o formato, reorganizar elementos y ver al instante cómo afectan esos cambios a los datos. Es una vista mixta, perfecta para personalizar sin dejar de tener una referencia visual del contenido.

▶ **Vista Diseño:**

Es la vista más avanzada, donde puedes controlar todos los elementos estructurales del formulario: agregar cuadros de texto, botones, etiquetas, subformularios, establecer propiedades, cambiar fuentes, colores, eventos, y más. No muestra los datos en tiempo real, pero ofrece el máximo control sobre el aspecto y funcionalidad del formulario.

6.3 CREACIÓN DE INFORMES CON ASISTENTES

El asistente de informes simplifica un proceso que, manualmente, requeriría múltiples ajustes de agrupación, totales y diseño. Al iniciarlo, el programa solicita la tabla o consulta origen y permite seleccionar campos.

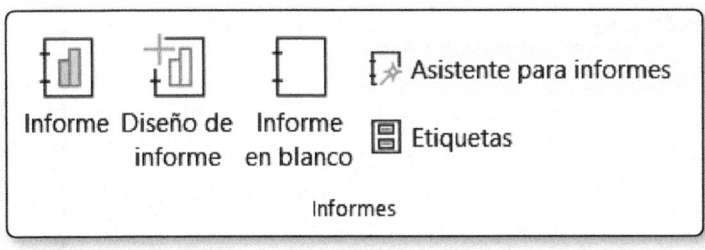

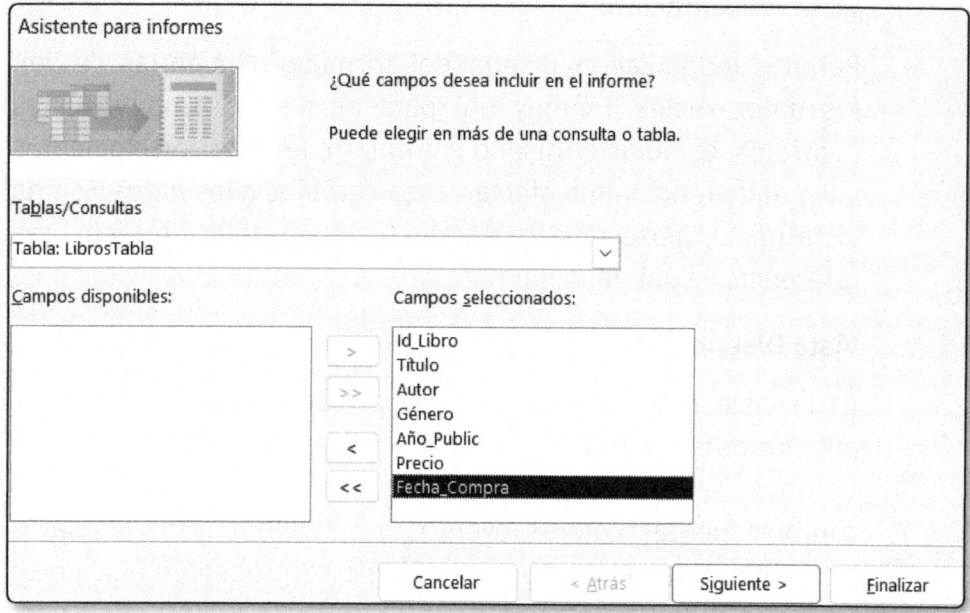

En los siguientes pasos, se eligen las opciones de agrupamiento deseadas y los criterios de ordenación.

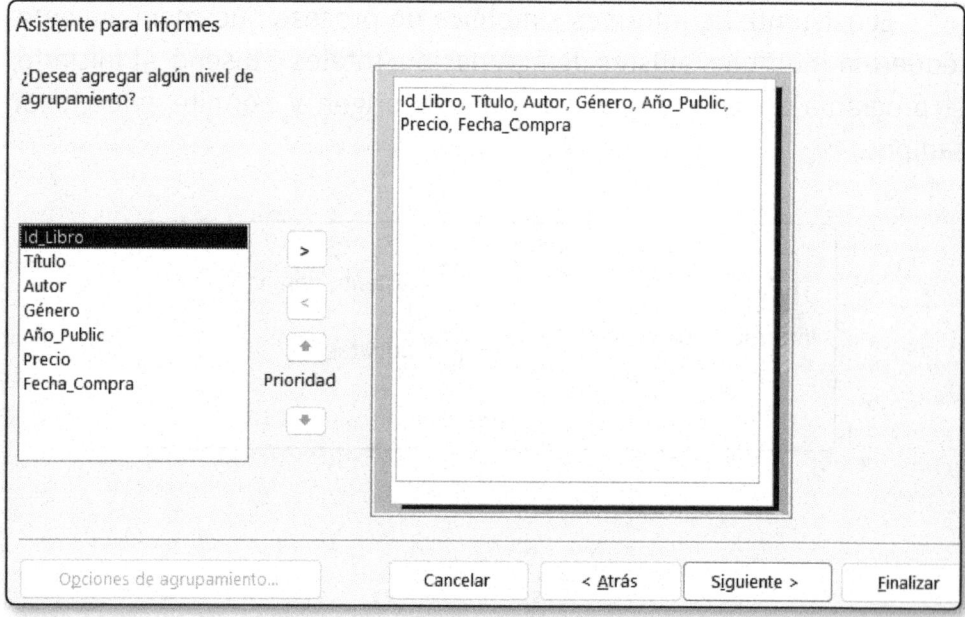

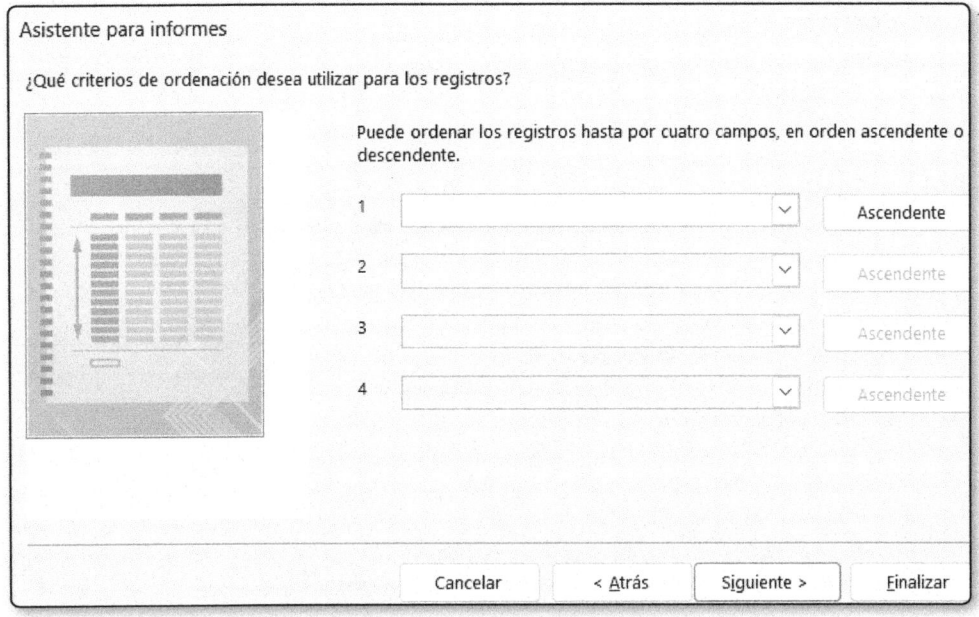

Después se selecciona la distribución y la orientación (vertical u horizontal).

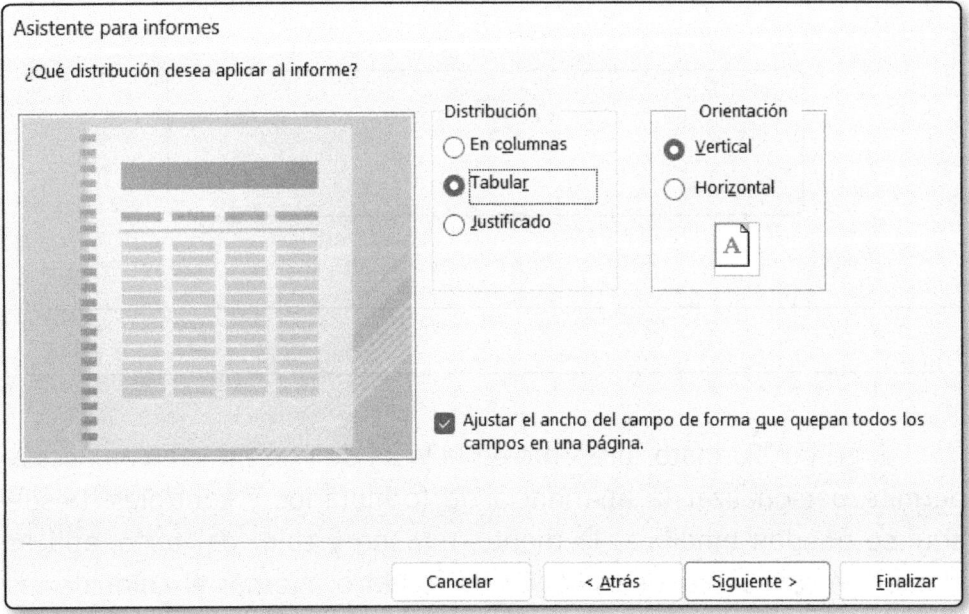

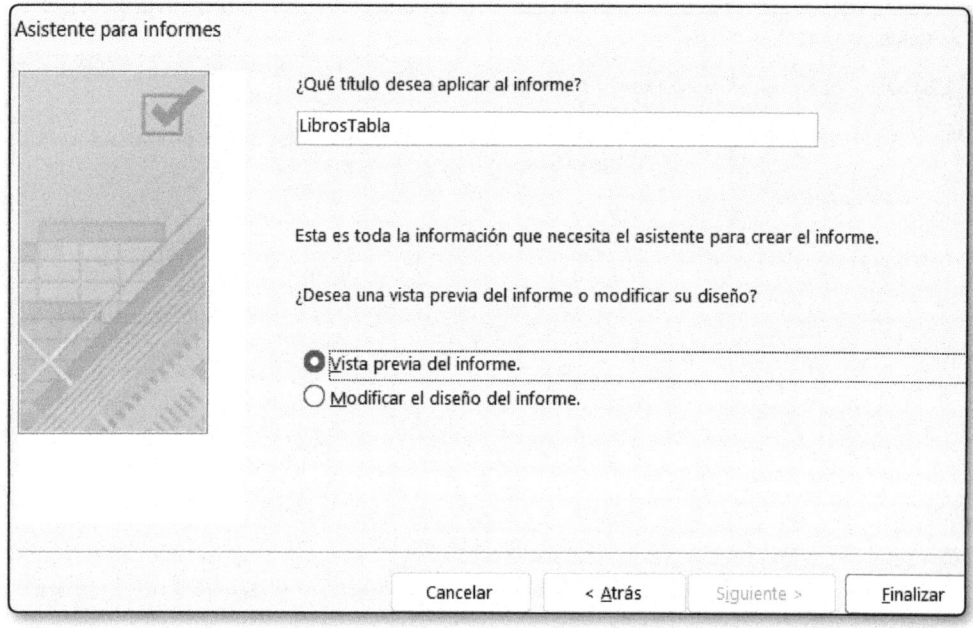

El asistente concluye con un informe funcional que ya incluye encabezado, número de página y fecha de generación, listo para personalizar.

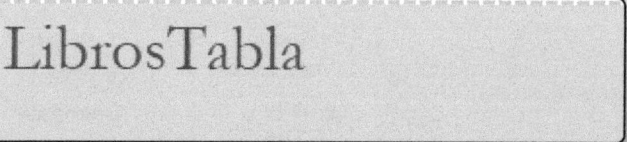

El grupo "Formato" presente en la Vista de Presentación en Access permite personalizar la apariencia de formularios y controles. Desde aquí se pueden modificar la fuente, tamaño y color del texto, aplicar alineaciones, insertar una imagen de fondo o alternar el color de las filas. También ofrece opciones para relleno, contorno y forma de los elementos, lo que facilita adaptar el diseño del formulario a necesidades estéticas o de accesibilidad.

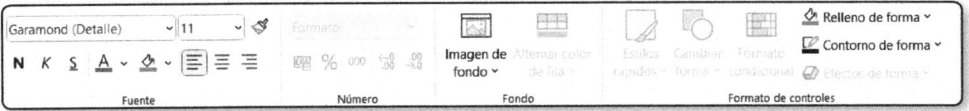

Temas opcionales de personalización

6.4 PUBLICACIÓN EN DOCUMENTOS Y PRESENTACIÓN IMPRESA

Access ofrece numerosas salidas para distribuir la información. La opción "Exportar a PDF/XPS" genera un archivo portátil que conserva fuentes, colores y paginación, adecuado para enviar por correo sin riesgo de alteración.

"Exportar a Excel" produce una hoja con los datos planos, útil para análisis con Power Pivot o para combinaciones con reportes financieros.

El comando "Enviar informe por correo electrónico" crea un adjunto y abre un mensaje en Outlook pre-configurado con asunto y cuerpo predeterminados.

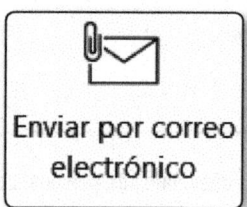

Para la impresión directa, la vista preliminar permite alternar entre márgenes estrechos, encuadre de bordes y escalado automático, y muestra un mapa de páginas en miniatura para validar saltos de sección.

Los ajustes de impresora admiten bandejas específicas para papel preimpreso, rotación en modo horizontal y selección de color o escala de grises.

Autoevaluación

1. **¿Qué elemento de Windows 11 recibe al usuario con iconos y accesos directos al iniciar la sesión?**

   a) Barra de tareas

   b) Escritorio

   c) Centro de notificaciones

2. **Para renombrar una carpeta en el Explorador de archivos, se puede:**

   a) Hacer clic derecho y elegir "Cambiar nombre" o pulsar F2

   b) Arrastrar la carpeta a otra ubicación

   c) Seleccionar y pulsar Supr

3. **¿Cuál de estos apartados agrupa las opciones de red, personalización y cuentas?**

   a) Panel de control

   b) Configuración

   c) Centro de seguridad

4. **En Windows 11, la sección del Explorador de archivos que muestra carpetas de uso frecuente se llama:**

   a) Este equipo

   b) Acceso rápido

   c) Biblioteca

5. **¿Qué tipo de copia de seguridad guarda únicamente los archivos modificados desde la última copia?**

   a) Completa

   b) Incremental

   c) Diferencial

6. **Analice de qué manera la organización de carpetas y subcarpetas en Windows 11 puede influir en la eficiencia de un proyecto multimedia de gran envergadura.**

7. **Explique cómo la personalización de la barra de tareas y el menú de inicio puede adaptarse a distintas rutinas de trabajo y perfiles de usuario.**

8. **Describa las ventajas e inconvenientes de emplear copias de seguridad completas frente a copias incrementales en un entorno profesional con datos críticos.**

9. **Reflexione sobre el impacto que tiene el uso de atajos de teclado y menús contextuales en la rapidez de ejecución de tareas cotidianas en el Explorador de archivos.**

10. **Evalúe cómo la creación y gestión de cuentas de usuario con diferentes permisos puede contribuir a la seguridad y al mismo tiempo al trabajo colaborativo en un equipo de TI.**

Respuestas

1.

   b) Escritorio

2.

   a) Hacer clic derecho y elegir "Cambiar nombre" o pulsar F2

3.

b) Configuración

4.

b) Acceso rápido

5.

b) Incremental

6.

La planificación detallada de la jerarquía de carpetas facilita la localización inmediata de recursos multimedia, evitando la duplicación de archivos y reduciendo errores de versión. Una estructura coherente, en la que cada subcarpeta refleje un criterio de proyecto —por ejemplo, "Grabaciones", "Edición", "Exportación"—, mejora la coordinación entre diseñadores, editores y productores, ya que todos siguen la misma convención de nombres. Además, esta organización permite automatizar procesos de respaldo y sincronización, incrementando la productividad en entornos de gran volumen de datos.

7.

Personalizar la barra de tareas con accesos directos a aplicaciones de uso habitual acorta el tiempo de búsqueda y lanza las herramientas prioritarias con un solo clic. Asimismo, agrupar programas según la tarea —edición, comunicación, análisis— en el menú de inicio optimiza el flujo de trabajo y minimiza distracciones. Al asignar colores, tamaños y posiciones coherentes con cada fase de la jornada laboral, el sistema responde de forma más intuitiva, adaptándose tanto a perfiles administrativos como creativos.

8.

Las copias completas ofrecen una restauración rápida y sin dependencias, garantizando que todos los datos queden disponibles tras un fallo mayor. Sin embargo, requieren un gran espacio de almacenamiento y tiempo de ejecución. En contraste, las copias incrementales reducen el espacio y aceleran el proceso diario, al copiar únicamente los cambios, aunque dependen de la integridad de la copia base y de cada incremental posterior. En entornos críticos, combinar ambas modalidades—un respaldo semanal completo con incrementales diarios—equilibra seguridad y eficiencia.

9.

El dominio de atajos como Ctrl + C/V para copiar y pegar, o Win + E para abrir el Explorador, acelera la ejecución de operaciones básicas sin necesidad de navegar por menús. Los menús contextuales, accesibles con un clic derecho, permiten aplicar acciones avanzadas —compresión, escaneo de antivirus, conversión de formato— directamente en el elemento deseado. Esta combinación de teclado y ratón reduce la carga cognitiva, minimiza clics innecesarios y mejora el ritmo de trabajo en tareas repetitivas.

10.

Asignar roles de administrador o estándar delimita el alcance de las acciones permitidas, reduciendo el riesgo de cambios no autorizados o instalaciones accidentales. Un perfil estándar limita las modificaciones del sistema, protegiendo la configuración central, mientras varias cuentas estándar pueden colaborar en proyectos compartidos sin comprometer la seguridad. La cuenta de administrador, bien controlada y con contraseñas robustas, es clave para tareas de mantenimiento, actualización de software y gestión de permisos, equilibrando protección y acceso.

Unidad Formativa 2

UF0514.
Operaciones de reproducción documental con equipos de reprografía

7

Introducción

En esta parte se examinan los diversos equipos de reprografía y su funcionamiento, desde las fotocopiadoras hasta las impresoras multifunción, destacando la importancia de seguir instrucciones técnicas precisas y un adecuado mantenimiento para garantizar resultados óptimos. Igualmente, se exploran los diferentes soportes de impresión, el uso correcto de consumibles y el control de calidad, sin olvidar los procedimientos de seguridad, salud y medioambiente que deben cumplirse en el entorno de trabajo.

7.1 IDENTIFICACIÓN Y USO DE EQUIPOS DE REPROGRAFÍA

La reproducción documental reúne métodos mecánicos y digitales que facilitan la duplicación de escrito, imagen y plano con fidelidad al original. Estos procedimientos abarcan la preparación del archivo, la selección de parámetros de salida y la observación de protocolos que garanticen eficiencia, protección de datos y conservación de equipos.

El operario revisa la calidad del original, define la resolución adecuada y decide el soporte más conveniente para el destino —papel normal, papel satinado, cartulina, acetato o formato continuo—. A lo largo del flujo, un software de gestión recopila tiradas pendientes, asigna colas por prioridad, contabiliza consumibles y genera informes de costes por departamento, consiguiendo un control pormenorizado del gasto y de la huella ambiental mediante indicadores de tóner, energía y papel.

Los dispositivos de reprografía más difundidos se clasifican en copiadoras digitales, impresoras láser, impresoras de inyección de tinta, equipos multifunción, escáneres de tambor, plotters de gran formato y duplicadoras por stencil (risografías).

Descripción general de los dispositivos de reprografía

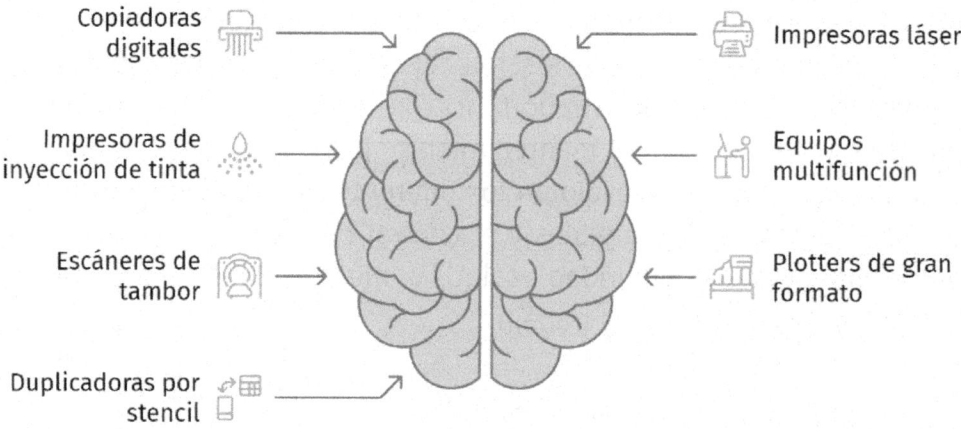

En entornos de gran volumen se integran también impresoras de producción con tóner seco o tinta líquida (ElectroInk) y prensas offset; todas ellas se gobiernan desde paneles táctiles o servidores RIP (Raster Image Processor) que gestionan color y tramados.

La elección del equipo depende de la velocidad en páginas por minuto, la capacidad de bandejas, la compatibilidad con gramajes y la necesidad de acabados —grapado, plegado o encuadernación PUR—.

El usuario autentica su sesión con tarjeta RFID o código PIN, selecciona opciones de duplex, escala, intercalado y distribución n-en-1; el sistema confirma el tipo de papel cargado mediante sensores ópticos y ajusta temperatura de fusión o ciclos de inyección para evitar atascos y garantizar nitidez.

7.1.1 Elementos, tipos y funcionamiento

En una copiadora láser, el proceso comienza con el escaneado del original por medio de una lámpara LED y un conjunto de espejos que proyectan la imagen sobre un sensor CCD.

Copiadora láser

Pros   VS   Cons

Alta calidad

Impresión rápida

Eficiencia de tóner

Ideal para grandes volúmenes

Costo inicial alto

Mantenimiento

Consumo de energía

El archivo resultante se convierte en mapa de bits y pasa al láser o diodo emisor, el cual descarga selectivamente un cilindro fotoconductor.

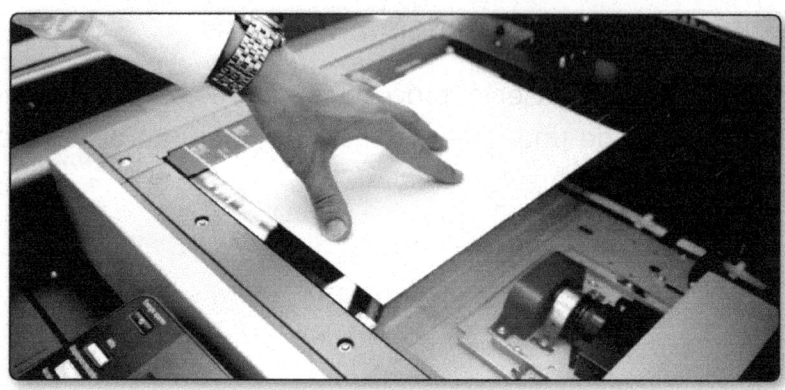

Fotocopiadora o escáner profesional en pleno uso

El tóner —mezcla de pigmento, resina y agentes de carga— se adhiere a las zonas descargadas y se transfiere al papel; la fusión se completa al pasar por rodillos calefactados.

En equipos de inyección de tinta, los cabezales contienen cientos de boquillas piezoeléctricas o térmicas que depositan microgotas con precisión submicrométrica, mientras el papel avanza mediante rodillos motorizados con servocontrol.

Impresora fotográfica de inyección de tinta, diseñada especialmente para imprimir imágenes en alta resolución sobre papel fotográfico

Impresoras de inyección de tinta

Pros	VS	Cons
Impresión de alta calidad		Costo de tinta
Versatilidad		Velocidad de impresión
Impresión a color		Mantenimiento
Económicas		

Los plotters utilizan tintas base pigmento o colorantes, montados sobre carros que viajan en eje X; el soporte avanza en eje Y, obteniéndose planos a escala o gráficos fotográficos.

Este tipo de maquinaria es muy común en estudios de diseño gráfico, rotulación, personalización textil y manualidades avanzadas (como el scrapbooking). Las cuchillas pueden variar en ángulo y profundidad, y muchas máquinas también permiten insertar bolígrafos para trazados decorativos o técnicos.

Impresoras Plotter

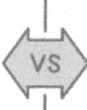

Pros   VS   Contras

 Gráficos de alta calidad

 Alto costo

 Manejo de papel grande

 Operación compleja

 Dibujos de líneas precisas

 Necesidades de mantenimiento

 Soporte para impresión digital

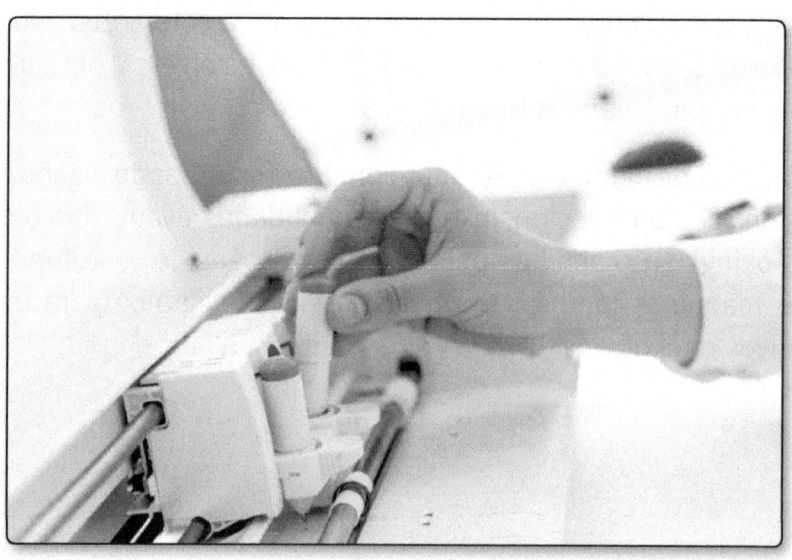

Persona manipulando una plotter de corte, un equipo especializado que se utiliza para cortar materiales con gran precisión, como vinilo, papel adhesivo, cartulina o incluso tela.

Es una máquina que reproduce documentos mediante plantillas (stencils) perforadas que funcionan como una especie de matriz. Originalmente eran totalmente mecánicas, luego evolucionaron a duplicadoras electrónicas y térmicas.

Duplicadora por stencil

Pros	VS	Cons
Impresión rápida		Calidad limitada
Bajo costo		Mantenimiento requerido
Fácil de usar		Uso de plantillas
Producción en masa		

Las duplicadoras por stencil emplean un máster perforado que deja pasar la tinta a cada giro del tambor, técnica idónea para tiradas económicas de cartelería interna.

Hoy en día, estas máquinas se utilizan en contextos muy concretos. Se pueden encontrar en centros educativos rurales y escuelas con bajos recursos en regiones como África, Asia o América Latina. También son habituales en instituciones religiosas y grupos comunitarios que necesitan imprimir boletines o circulares de forma económica. En zonas con acceso eléctrico limitado, las duplicadoras por stencil resultan útiles porque no dependen de conexión eléctrica continua.

En España y Europa, sin embargo, su uso profesional ha desaparecido casi por completo. Han sido sustituidas por impresoras láser de alta capacidad y duplicadoras digitales como las RISO, que ofrecen una mayor eficiencia, calidad de imagen y compatibilidad con entornos digitales actuales.

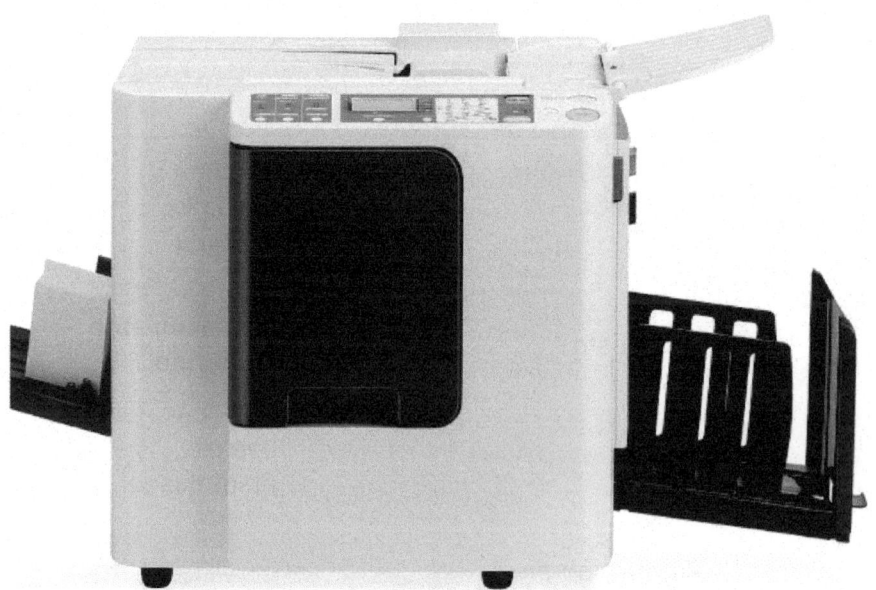

Duplicadora digital

7.1.2 Aplicación de instrucciones técnicas y mantenimiento

El adecuado funcionamiento y conservación de una impresora comienza con la aplicación precisa de las instrucciones técnicas del fabricante. Esto implica una lectura atenta del manual de usuario, que proporciona información sobre la instalación, uso correcto, manipulación de insumos y rutinas de revisión. A su vez, es fundamental consultar las hojas técnicas de los consumibles —tóner, tintas, papel especializado— para evitar incompatibilidades y asegurar un rendimiento óptimo.

Ciclo de mantenimiento de Impresoras

El ciclo de mantenimiento contempla varias etapas. La preparación inicial incluye verificar la disponibilidad de herramientas, insumos y entorno adecuado. Luego, se activa el autodiagnóstico de la máquina, el cual permite detectar anomalías o errores de sistema antes de que se conviertan en fallos operativos. El mantenimiento rutinario incorpora la limpieza de rodillos, revisión de bandejas, eliminación de polvo y verificación de niveles de tinta o tóner, garantizando una producción continua y de calidad.

Las actualizaciones de software forman parte esencial del proceso, ya que corrigen errores, mejoran funciones y adaptan el equipo a nuevos estándares. En caso de atasco de papel, se requiere actuar según protocolo, retirando el material sin forzar mecanismos y comprobando el estado del sensor. Por su parte, el control de piezas de desgaste como fusores, cintas de transferencia o rodillos implica inspecciones periódicas para prevenir interrupciones en el servicio.

La gestión de residuos se debe realizar con separación adecuada: cartuchos vacíos en contenedores específicos, piezas defectuosas bajo normativa medioambiental, y limpieza de residuos sólidos siguiendo protocolos de higiene industrial. Por último, toda intervención se debe documentar correctamente, dejando registro de acciones realizadas, repuestos utilizados y parámetros corregidos, lo que contribuye a la trazabilidad y mejora continua del mantenimiento.

Caso práctico

Contextualizado: empresa gráfica especializada en impresión bajo demanda

Una empresa gráfica especializada en impresión bajo demanda desea optimizar el mantenimiento de sus impresoras digitales de alta producción para garantizar calidad constante, prolongar la vida útil de los equipos y cumplir con normativas de calidad y sostenibilidad. El personal técnico debe seguir un protocolo detallado que incluya pasos previos al encendido, rutinas semanales, actualización de software, gestión de averías, control de componentes y disposición de residuos. ¿Cuál sería un procedimiento técnico adecuado y completo que abarque todos estos aspectos de forma segura y conforme a estándares ISO?

Antes de arrancar, se verifica la cubierta antipolvo, se iguala el nivel de la impresora para evitar desviaciones y se ejecuta una prueba de autodiagnóstico que calibra densidades y limpia boquillas.

El mantenimiento rutinario contempla la sustitución de cartuchos de tóner, botellas de revelador o tanques de tinta cuando el monitor lo indique; la operación se realiza con guantes de nitrilo y mascarilla antipartículas para prevenir inhalación de polímeros finos.

Una vez a la semana se limpia el cristal de exposición con paño sin pelusa y alcohol isopropílico, se aspira el interior con boquilla de filtro HEPA y se engrasan ejes según la tabla de pares indicada por el fabricante. El software de servicio habilita la alineación de cabezales, la recalibración de color con carta IT8 o FOGRA y la actualización de firmware, que corrige fallos de seguridad y mejora la gestión de colas.

Ante atascos, se abre la puerta indicada en la pantalla de ayuda, se retira el soporte con ambas manos evitando arrugas y se reinicia el ciclo de fusión para restablecer temperatura nominal. El control de piezas de desgaste —cinturón de transferencia, rodillo de fusión, correa de arrastre— se programa según contadores integrados (p. ej., cada 200 000 impresiones). En impresoras de producción, se utiliza un medidor de densidad que compara parches de control con valores de referencia y ajusta la corriente del láser o la tensión de carga.

Por último, la entidad almacena cartuchos agotados en contenedores marcados con código LER antes de entregarlos a gestor autorizado, y conserva bitácoras de mantenimiento firmadas por el técnico para demostrar cumplimiento de las normas ISO 9001 y ISO 14001 referentes a calidad y medio ambiente.

7.2 SELECCIÓN DE SOPORTES DE IMPRESIÓN

Un **soporte de impresión** es el material físico sobre el que se aplica la tinta o el tóner para reproducir texto, imágenes o gráficos. Este medio puede presentar distintas texturas, gramajes, composiciones y acabados, en función del sistema de impresión utilizado y del resultado final que se desea obtener. Aunque el soporte más habitual es el papel, existen numerosas alternativas como cartulinas, plásticos, telas, vinilos, metales o materiales magnéticos, cada una con propiedades adaptadas a necesidades específicas como la resistencia al agua, la durabilidad, la flexibilidad o la adherencia.

La elección del soporte influye directamente en la fidelidad del color, la longevidad del documento impreso y la percepción sensorial del usuario final.

Selección de soporte para aplicaciones de Impresión

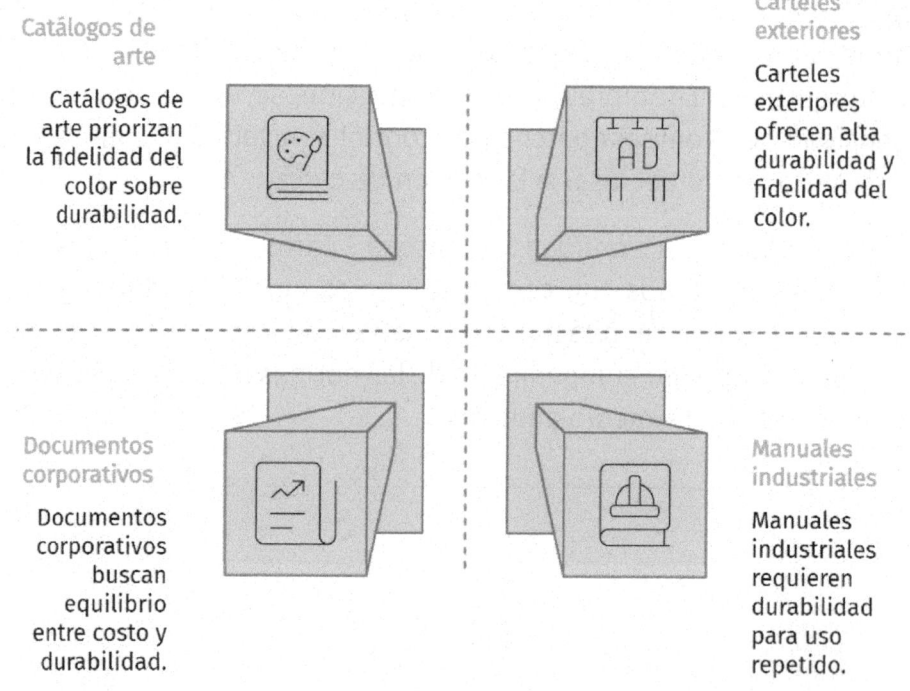

Catálogos de arte

Catálogos de arte priorizan la fidelidad del color sobre durabilidad.

Carteles exteriores

Carteles exteriores ofrecen alta durabilidad y fidelidad del color.

Documentos corporativos

Documentos corporativos buscan equilibrio entre costo y durabilidad.

Manuales industriales

Manuales industriales requieren durabilidad para uso repetido.

El análisis técnico comienza por el **gramaje**, medido en gramos por metro cuadrado (g/m²). Por ejemplo, papeles ligeros de *70 g/m²* se emplean para reducir costes en el correo masivo, mientras que gramajes superiores a *160 g/m²* se reservan para portadas, cubiertas o fichas que requieran mayor rigidez.

El **acabado** de la superficie modifica la forma en que se refleja la luz. Un papel estucado mate, por ejemplo, proporciona un efecto visual más suave y evita reflejos, siendo apropiado para catálogos de arte. En contraste, un couché brillante intensifica la saturación del color, lo que resulta especialmente útil en folletos publicitarios.

La **blancura**, expresada en valores CIE, también tiene un impacto en la viveza de los colores. Por ejemplo, un papel con blancura *160 CIE* resalta tonos fríos con mayor intensidad, mientras que uno de *140 CIE* suele emplearse en documentos corporativos que buscan una estética más neutra.

La **opacidad** es esencial en impresiones a doble cara, ya que impide que el contenido del reverso se transparente. Se mide en porcentaje de bloqueo de luz, siendo recomendable un valor superior al 94 % para presentaciones profesionales.

En tiradas largas mediante impresión offset se suele optar por **papel offset sin estucar**, cuya porosidad facilita la absorción de la tinta y un secado rápido. En impresión digital por tóner, se prefiere un soporte con tratamiento antihumedad que resista temperaturas de fusión de entre *180 y 200 °C* sin deformaciones. Para impresión en plotters de tinta pigmentada, se usan papeles microporosos que fijan el pigmento en la superficie, ofreciendo buena resistencia a la radiación UV, como en cartelería exterior.

En aplicaciones de **prototipado de envases**, es habitual la cartulina *folding box board*, compuesta por capas químico-mecánicas que proporcionan una superficie lisa para impresión y un núcleo semirrígido.

Los **soportes plásticos** se utilizan cuando se requiere resistencia a la humedad o larga durabilidad. Por ejemplo:

▼ El *PVC calandrado* se emplea para tarjetas identificativas personalizables por sublimación.

▼ El *PET-G* se utiliza en señalización por su transparencia y rigidez.

▼ El *polipropileno sintético de 200 µm* es ideal para manuales industriales debido a su resistencia al plegado.

En gráfica retroiluminada se recurre a films de poliéster con capa difusora que distribuye la luz de forma uniforme y evita quemados visuales.

Entre los soportes digitales se encuentran láminas de transferencia térmica para textiles y planchas fotopolímeras empleadas en la creación de sellos en relieve. Los soportes compatibles con tecnología LED UV deben presentar baja absorbancia para permitir la polimerización instantánea de la tinta.

Por último, cabe señalar que los soportes con certificaciones medioambientales, como FSC o PEFC, garantizan un origen forestal responsable. Asimismo, la norma ISO 9706 certifica la resistencia al envejecimiento, lo cual es fundamental en documentos destinados a archivo permanente.

7.2.1 Papeles, cartulinas, plásticos y soportes digitales

Los soportes de impresión abarcan una amplia variedad de materiales adaptados a distintas aplicaciones técnicas y creativas.

Papeles: offset liso, couché mate/brillo, autoadhesivo, térmico sensible, papel piedra mineral libre de celulosa.

¿Qué tipo de papel debo elegir?

Offset liso
Ideal para impresión general y escritura debido a su superficie lisa.

Couché mate
Adecuado para impresión de alta calidad con un acabado no brillante.

Couché brillante
Mejora los colores y el brillo para materiales de marketing.

Autoadhesivo
Perfecto para etiquetas y pegatinas debido a su respaldo adhesivo.

Cartulinas: sulfatada de triple capa, GC2 para packaging ligero, microcorrugado E-flute en maquetas, cartulina reciclada posconsumo con certificación Blue Angel.

Visión general de los materiales de cartón

Cartulina sulfatada de triple capa
Ideal para embalaje ligero

Cartón microcorrugado E-flute
Utilizado en maquetas

Cartulina reciclada posconsumo
Certificada por Blue Angel

Plásticos: PVC blanco para carnés, poliéster backlit, polipropileno sintético tear-proof, lámina PET antistática para salas limpias.

Plásticos para aplicaciones específicas

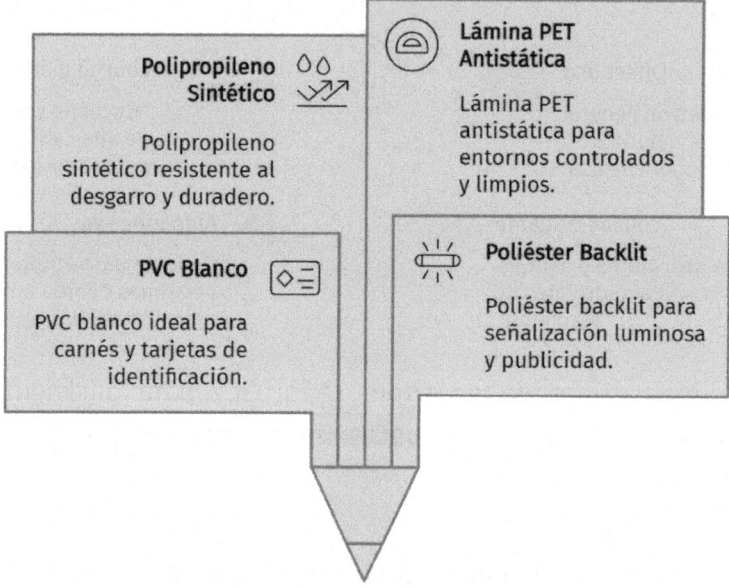

Soportes digitales: film de transferencia en caliente, plancha flexible CTP para prensas digitales, papel imantado imprimible para señalética temporal.

Soportes de Impresión Digital

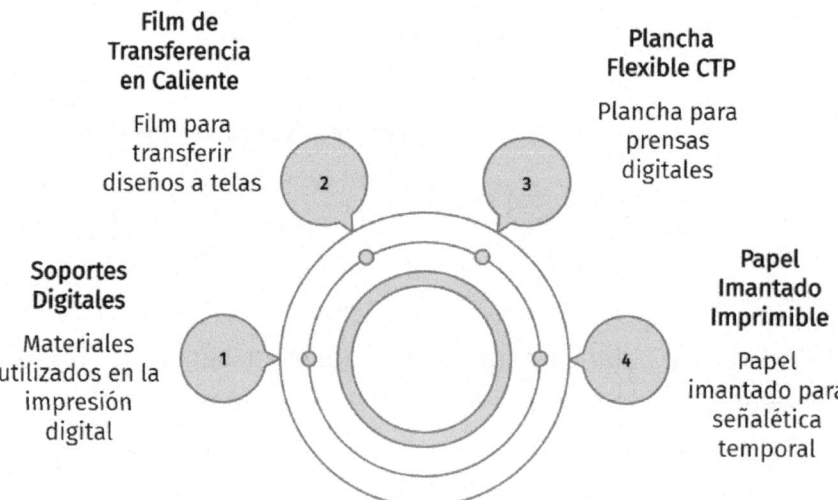

Ejemplos específicos

Situación específica	Soporte recomendado	Justificación
Impresión de cartas administrativas	Papel offset liso	Ofrece buena impresión en texto, bajo coste y buena compatibilidad con impresoras láser y tinta.
Impresión de catálogos de arte	Couché mate	Mejora el detalle de las imágenes sin reflejos, ideal para arte visual.
Etiquetas adhesivas para botellas	Papel autoadhesivo	Adhesión fuerte y corte fácil, útil para botellas u objetos irregulares.
Tiques térmicos para parking	Papel térmico sensible	Reacciona al calor, ideal para impresión rápida sin tinta.
Fichas técnicas resistentes al agua	Papel piedra mineral	Resistente al agua y rasgaduras, ideal en entornos hostiles.
Portadas de informes institucionales	Cartulina gráfica	Aporta rigidez y buena imprimibilidad para portadas formales.
Maquetas de envases para presentación	Microcorrugado E-flute	Simula el acabado de envases reales sin costes industriales.
Embalaje secundario sostenible	Cartulina reciclada Blue Angel	Reduce impacto ambiental, buen acabado para productos ecológicos.

Situación específica	Soporte recomendado	Justificación
Carnés de socio plastificados	PVC blanco	Duradero, imprimible por sublimación y resistente al desgaste.
Señalización retroiluminada	Poliéster backlit	Distribuye luz uniformemente, esencial para cajas de luz.
Manuales de maquinaria resistentes	Polipropileno tear-proof	Soporta uso frecuente sin romperse ni degradarse.
Etiquetas antielectrostáticas en laboratorio	Lámina PET antistática	Evita descargas en entornos controlados, buena para electrónica.
Publicidad en escaparates	Couché brillante	Alta saturación, llamativa para puntos de venta.
Cartelería exterior duradera	Papel microporoso	Resistente a la intemperie y a la radiación UV.
Sellos personalizados en relieve	Planchas fotopolímeras	Permite crear sellos personalizados con precisión.
Planificación magnética de tareas	Papel imantado imprimible	Imantado, ideal para paneles reutilizables en oficinas.
Packaging de productos cosméticos	Cartulina GC2	Buena rigidez, impresión limpia, uso común en cosmética.
Dossiers de empresa con acabado profesional	Couché mate	Suave al tacto, resalta identidad corporativa.
Etiquetas para productos refrigerados	Papel autoadhesivo	Tinta adherente y resistencia a baja temperatura.

Situación específica	Soporte recomendado	Justificación
Talonarios autocopiativos	Papel offset autocopiativo	Requiere papel duplicador sin presión externa.
Insertos gráficos en cajas de luz	Poliéster backlit	Difunde luz sin puntos calientes, ideal en pantallas.
Pósteres de calidad fotográfica	Couché brillante	Colores vivos y detalles definidos en papel brillante.
Códigos QR para inventario	Papel autoadhesivo	Permite etiquetado de objetos con códigos escaneables.
Manual de usuario de electrodoméstico	Polipropileno tear-proof	Duradero, no se rasga con facilidad y soporta humedad.
Prototipos de packaging con acabado realista	Cartulina sulfatada triple capa	Acabado profesional con buena rigidez estructural.
Sobres personalizados para invitaciones	Papel autoadhesivo	Permite impresión personalizada con buena adhesión.
Señalética de evacuación removible	Papel imantado imprimible	Reutilizable y fácil de aplicar en diferentes superficies.
Mapas promocionales resistentes al rasgado	Polipropileno tear-proof	Alta resistencia mecánica y visual profesional.
Cubiertas para libros infantiles	Cartulina gráfica	Flexible, seguro y resistente al uso infantil.
Rotulación temporal en ferias	Papel imantado imprimible	Reutilizable, permite visualización clara y limpieza fácil.

7.3 UTILIZACIÓN DE CONSUMIBLES

Los consumibles abarcan tóner, tintas líquidas, cintas de transferencia y sustancias de limpieza; gestionarlos conforme a especificaciones optimiza la calidad y prolonga la vida del equipo.

Gestión de Consumibles de Impresión

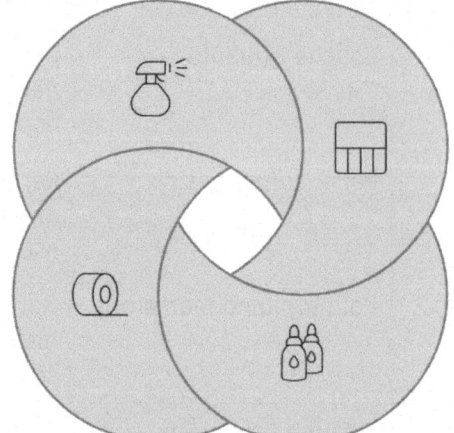

Sustancias de Limpieza

Mantienen la limpieza del equipo

Cintas de Transferencia

Requieren alineación y tensión adecuadas

Tóner

Compuesto de resina, pigmento y agentes de carga

Tintas

Clasificadas por base y viscosidad

Tipo de consumible	Aplicación común	Características	Compatibilidad
Tóner (polvo)	Impresoras láser	Partículas finas de resina, funden a alta temperatura	Láser monocromo/color
Tóner polimerizado	Impresoras láser alta definición	Mayor uniformidad y menor consumo energético	Láser color de precisión gráfica
Tinta base agua (dye)	Ofimática general y papelería	Colores vivos, pero baja resistencia UV	Inyección de tinta estándar

Tipo de consumible	Aplicación común	Características	Compatibilidad
Tinta pigmentada	Impresión de alta durabilidad (posters, etiquetas)	Alta durabilidad, resistente a agua y luz	Inyección pigmentada y fotográfica
Tinta solvente	Lonas, vinilos, exteriores resistentes	Olor fuerte, uso industrial, alto poder de fijación	Plotters y maquinaria industrial
Tinta ecosolvente	Gráfica publicitaria interior/exterior	Menos tóxica, buena fijación en vinilo	Plotters de ecosolvente
Tinta UV	Etiquetas, packaging, rótulos resistentes	Secado inmediato, resistente a rayos UV	Impresoras LED UV planas y rollo
Tinta látex	Publicidad en gran formato, sostenible	Flexible, no tóxica, buena adherencia	Impresoras HP Látex y similares
Tinta sublimación	Textil poliéster (camisetas, merchandising)	Transferencia por calor, colores intensos	Impresoras de sublimación térmica
Cinta de transferencia térmica (resina)	Etiquetas sintéticas, códigos de barras	Alta resistencia a calor, rozaduras y químicos	Impresoras térmicas industriales
Cinta de transferencia térmica (mixta)	Etiquetas generales y embalaje	Equilibrio entre durabilidad y economía	Impresoras de transferencia térmica
Cinta de transferencia térmica (cera)	Etiquetas de papel	Barata, baja durabilidad y resistencia	Impresoras económicas de etiquetas

Tipo de consumible	Aplicación común	Características	Compatibilidad
Cartucho de limpieza (tinta)	Limpieza de cabezales (inyección)	Sin tinta, con fluido para purgar cabezales	Equipos de inyección, mantenimiento
Cartucho de limpieza (sublimación)	Limpieza de cabezales sublimación	Evita obstrucciones en impresoras de sublimación	Sistemas de sublimación profesional
Solución de limpieza (plotters)	Limpieza interna y conductos de tinta	Evita sedimentación y seca boquillas	Plotters de gran formato
Paños antiestáticos	Superficies de trabajo en salas limpias	Eliminan polvo y carga electrostática	Mesas, superficies de equipos sensibles

El tóner se compone de resina termoplástica, pigmento y agentes de carga; su tamaño de partícula, típico de 6-8 µm, define la nitidez de punto y el consumo energético durante la fusión. Los fabricantes suministran cartuchos con chip que comunica nivel, temperatura óptima y número de serie, previniendo mezclas de formulaciones que podrían alterar la densidad del color.

Las tintas se clasifican por base: acuosa, pigmentada, solvente, látex o UV-curable. Cada variedad presenta viscosidad y tensión superficial distintas, de modo que la impresora calibra la frecuencia de disparo y la temperatura del cabezal.

El almacenaje exige mantener el tóner en recintos entre 10 y 30 °C, humedad del 40-60 % y ausencia de vibraciones que compacten el polvo. Los cartuchos de tinta se guardan verticales para evitar precipitación de pigmentos; antes de instalarlos conviene agitarlos suavemente durante 30 s en sentido horizontal.

Las cintas de transferencia térmica (resina, cera-resina o full-resin) se encajan verificando el sentido de la bobina y la tensión mínima para evitar arrugas que provoquen franjas sin impresión. El alcohol isopropílico al 99 % y los paños libres de fibras limpian regularmente el carril de transporte, reduciendo deposiciones que derivan en manchas o líneas verticales.

7.3.1 Manejo de tóner y tintas según especificaciones

Procedimiento de reemplazo de tóner:

1. Sacudir el cartucho tapando las ranuras, distribuyendo el polvo de manera uniforme.

2. Deslizarlo hasta el tope sin forzar; el chip se alinea con los contactos eléctricos y el equipo ejecuta un ciclo de calibración de densidad.

3. Registrar el número de lote en la aplicación de mantenimiento para trazar la procedencia y la fecha de instalación.

Procedimiento de reemplazo de tinta:

1. Verificar la fecha de caducidad impresa en la etiqueta; desechar unidades vencidas para evitar sedimentación irreversible.

2. Despresurizar la línea abriendo la válvula de purga, retirar el cartucho y taponar la boquilla para impedir la entrada de aire.

3. Insertar el nuevo envase, purgar hasta que no aparezcan burbujas, cerrar la válvula y correr la rutina de test pattern para evaluar inyectores.

La gestión de residuos concluye en contenedores separados: tóner usado se deposita en sacos herméticos, tintas en bidones homologados y cartuchos vacíos en cajas de retorno al fabricante dentro de los programas de reciclaje voluntario.

Cartuchos de tóner de una impresora láser a color. Se pueden identificar claramente
por los colores CMYK: C: cian, M: magenta, Y: amarillo (yellow), K: negro (black).

Cada retirada debe quedar anotada en el libro de residuos y se
acompaña del justificante de entrega al gestor inscrito en el registro
autonómico, cumpliendo las obligaciones establecidas por el Real
Decreto 180/2015 de traslado de residuos. De este modo, el circuito de
consumibles se cierra con responsabilidad ambiental y trazabilidad
documental.

7.4 REPRODUCCIÓN DE ORIGINALES

En el ámbito del diseño gráfico, la impresión y la comunicación
visual, se denomina *original* al archivo o documento maestro que
contiene el contenido final validado para reproducirse. Puede presentarse
en distintos formatos: desde un archivo digital editable (por ejemplo, un
documento de Illustrator, InDesign o un PDF optimizado para impresión),
hasta una maqueta física o una obra artística escaneada. Este original
constituye la fuente de referencia para generar todas las copias, por
lo que debe estar libre de errores, con resolución adecuada, colores
calibrados y todos los elementos bien definidos para su reproducción.

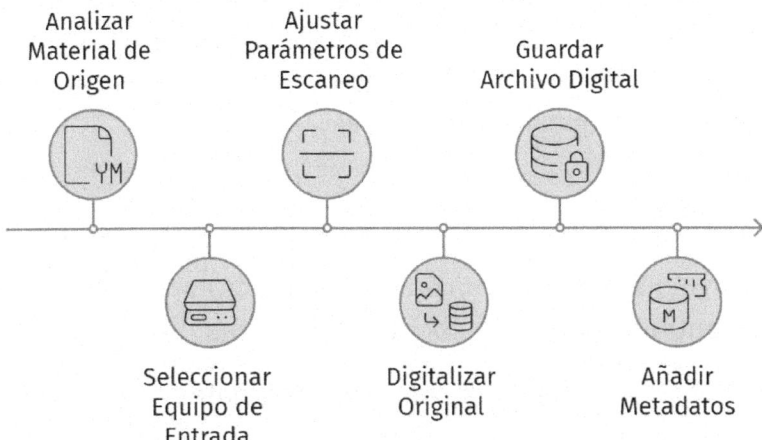

Proceso de reproducción de Originales

El proceso de reproducción comienza con un análisis detallado del material de origen, ya que cada tipo de original conlleva exigencias particulares para el equipo de entrada, el tratamiento digital y el soporte de salida.

Por ejemplo, un manuscrito antiguo escrito con tinta ferrogálica requiere iluminación difusa y el uso de un sensor CCD con ajuste de curvas para poder recuperar trazos muy finos o desgastados. En cambio, una lámina técnica exportada desde AutoCAD exige precisión de línea y gestión de capas para mantener la diferenciación de grosores y colores en los elementos gráficos.

Antes de digitalizar, el operador evalúa posibles daños físicos —como pliegues, grapas u oxidación del papel— y escoge el método adecuado: escáner plano para documentos de hasta tamaño A3 (*ejemplo*), escáner planetario cuando se trata de libros encuadernados frágiles, o cámara DSLR montada sobre bancada en el caso de planos u obras de gran formato (*ejemplo*).

También se ajustan los parámetros de escaneo según el contenido. *Por ejemplo*, los textos en negro suelen escanearse a 300 ppp y 8 bits, ilustraciones detalladas a 600 ppp y 24 bits, y negativos técnicos o microfilms a 16 bits por canal para preservar los matices.

El archivo generado se guarda en un sistema de almacenamiento temporal con redundancia RAID 10 (*ejemplo de configuración segura*) y se le incorporan metadatos IPTC como la fecha de escaneo, nombre del operador y perfil de color utilizado, asegurando así trazabilidad y correcta gestión del documento original.

7.4.1 Identificación de tipos y compatibilidad de formatos

Los originales se clasifican en texto monócromo, ilustración a línea, fotografía continua, gráfico vectorial y multimedia híbrido.

Tipos de documentos originales

Texto monócromo

Los originales se clasifican como texto monócromo.

Ilustración a línea

Los originales se pueden clasificar como ilustraciones a línea.

Fotografía de tono continuo

Los originales se pueden clasificar como fotografías de tono continuo.

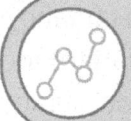

Gráfico vectorial

Los originales se pueden clasificar como gráficos vectoriales.

Multimedia híbrido

Los originales se pueden clasificar como multimedia híbrido.

Cada categoría se asocia a un formato nativo y a uno maestro de preservación: PDF/A-2b para texto con incrustación de fuentes, TIFF 6.0 sin compresión para imagen patrimonial, EPS o SVG para vector puro y archivo ZIP contenedor (PDF-E) para ensamblados CAD con referencias externas.

En reprografía departamental prevalecen PDF estándar, JPEG a calidad 8-10 y PNG de 24 bits, compatibles con controladores PostScript 3 y emuladores PCL 6. Equipos de impresión de producción aceptan flujos JDF que transportan ajustes de imposición y perfiles ICC, garantizando que la intención de color definida en preimpresión se reproduzca de manera predecible.

El operador debe revisar la tabla de compatibilidad del fabricante, validando que sangrados, transparencias o capas no ocasionen artefactos en el RIP y asignando transparencia en modo flattening para PDF con transparencias vivas cuando la controladora carece de APPE (Adobe PDF Print Engine).

7.5 CONTROL DE CALIDAD EN LA REPRODUCCIÓN

Garantizar la uniformidad entre distintas tiradas de impresión requiere aplicar controles sistemáticos basados en estándares internacionales como las normas ISO 12647 (para artes gráficas) e ISO 15311 (para impresión digital). Estas normas proporcionan parámetros medibles que permiten verificar que el resultado final se mantenga constante en términos de color, densidad y acabado.

Lograr la consistencia de impresión

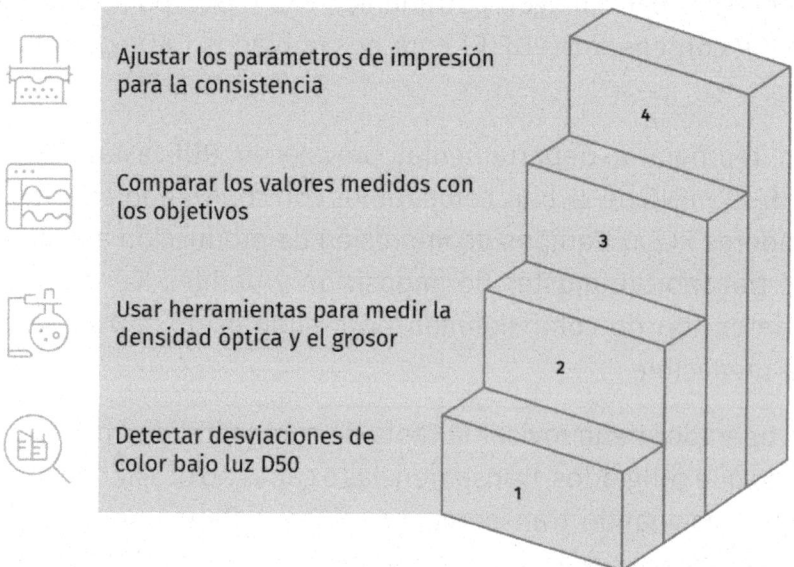

Ajustar los parámetros de impresión para la consistencia

Comparar los valores medidos con los objetivos

Usar herramientas para medir la densidad óptica y el grosor

Detectar desviaciones de color bajo luz D50

El control comienza con una inspección visual realizada bajo iluminación normalizada tipo D50 (*ejemplo de estándar de luz para evaluación de color*). Este primer paso permite identificar a simple vista problemas como desviaciones de tono, aparición de bandas (banding) o errores en la superposición de tintas (trapping).

El segundo nivel de control emplea herramientas específicas de medición. Se utiliza un densitómetro para medir la densidad óptica de las tintas, un espectrofotómetro para calcular la diferencia de color ΔE^*ab entre el impreso y el valor de referencia, y un micrómetro para comprobar el grosor del barniz UV (*ejemplos de instrumentos comunes en control de calidad*).

Antes de arrancar la producción, se imprime una cuña de control, que es una tira de prueba con elementos técnicos diseñados para medirse. Esta cuña incluye parches de color CMYK al 100 %, escalas de grises y campos de trama al 25 %, 50 % y 75 % (*ejemplos típicos de elementos de prueba*). Además, puede contener barras de registro que verifican la correcta alineación entre colores.

Un software especializado analiza los datos obtenidos y los compara con los valores objetivo definidos previamente. Si, por ejemplo, se detecta una diferencia de color ΔE mayor de 2 en un tono corporativo (*ejemplo de umbral común*), o si la densidad del negro varía más de ±0,10 D respecto al valor ideal (*ejemplo de tolerancia estándar*), el sistema solicita una recalibración automática. Esta puede implicar ajustes en el motor de impresión, en el voltaje de carga del tambor o en la temperatura de fusión del tóner, según la tecnología utilizada.

7.5.1 Ajuste de parámetros y realización de pruebas

En los procesos de impresión profesional, ajustar los parámetros técnicos del equipo es esencial para obtener resultados estables, precisos y consistentes, especialmente cuando se trabaja con distintos tipos de soportes o se gestionan tiradas prolongadas.

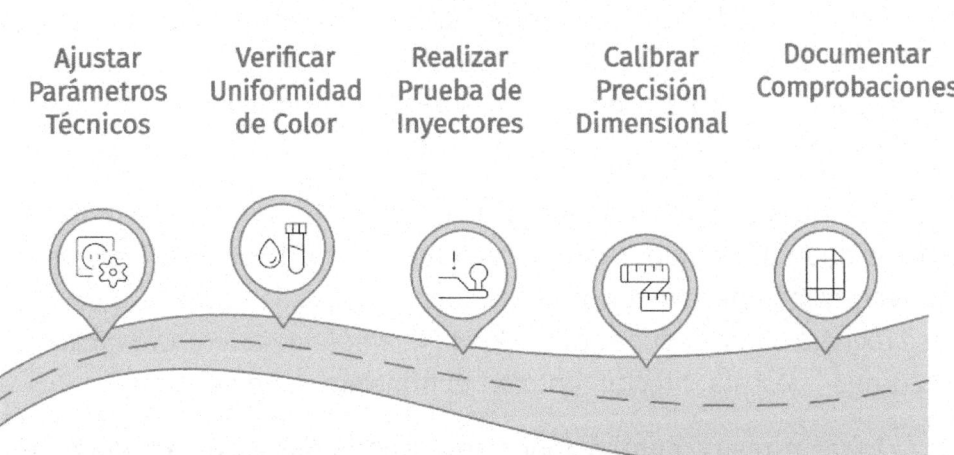

Proceso de Control de Calidad de Impresión Profesional

| Ajustar Parámetros Técnicos | Verificar Uniformidad de Color | Realizar Prueba de Inyectores | Calibrar Precisión Dimensional | Documentar Comprobaciones |

Entre los parámetros fundamentales se encuentran la temperatura del fusor, el voltaje de transferencia, la alineación del registro frente/dorso y la compensación del estiramiento en soportes sintéticos. Todos estos factores influyen directamente en la calidad de impresión final. Por ejemplo, si el soporte es un material plástico que tiende a dilatarse, es necesario ajustar la escala de impresión para evitar deformaciones.

La configuración de estos valores se realiza desde el panel de servicio del equipo o mediante el envío de un fichero técnico, como un archivo en formato PPML (ejemplo de lenguaje de impresión variable), al sistema RIP (Raster Image Processor), que actúa como intermediario entre el diseño y la impresora.

Para verificar la uniformidad de color, es habitual realizar una tirada piloto de unas *50 hojas (ejemplo)*. Se mide la densidad de color promedio en las *primeras y últimas cinco hojas (ejemplo de control comparativo)* y, si la desviación detectada supera el *3 % (ejemplo de umbral aceptable)*, se aplica una curva de compensación desde el RIP para corregir la deriva tonal.

En el caso de impresoras de inyección de tinta, se realiza una prueba de inyectores que permite detectar boquillas secas o parcialmente obstruidas. Si se detecta un fallo, se activa un ciclo de purga que limpia los conductos, y se ejecuta una alineación bidireccional que ajusta la precisión del disparo de tinta mediante la impresión de un patrón escalonado.

Cuando se trabaja con plotters técnicos o CAD, se calibra la precisión dimensional utilizando tiras de referencia de 1.000 mm (*ejemplo*), impresas y medidas posteriormente con una regla de acero de precisión. Si se registra un error superior a *0,2 mm (ejemplo de tolerancia máxima)*, se corrige la escala directamente en el firmware del dispositivo.

Todas estas comprobaciones se documentan en hojas de control digitalizadas, nombradas siguiendo una estructura organizada como *YYYYMMDD_QA (ejemplo de nomenclatura para trazabilidad)*, lo que permite mantener un historial técnico, identificar tendencias y planificar con antelación tareas de mantenimiento predictivo.

7.6 SEGURIDAD, SALUD Y MEDIOAMBIENTE EN REPROGRAFÍA

Los entornos reprográficos concentran múltiples riesgos vinculados al uso de energía eléctrica, movimientos mecánicos y emisión de partículas finas. Para garantizar condiciones seguras de trabajo, es necesario implantar un plan de prevención de riesgos laborales que esté alineado con los principios de la norma ISO 45001 (*ejemplo de estándar internacional para sistemas de gestión de la seguridad y salud en el trabajo*).

Desglosando las medidas de seguridad en reprografía

A nivel ambiental, el espacio de trabajo debe contar con una ventilación eficaz. *Por ejemplo*, se puede aplicar una tasa de *10*

renovaciones de aire por hora para mantener la calidad del ambiente. La instalación de filtros HEPA H13 (*ejemplo de nivel de filtrado*) ayuda a capturar partículas de tóner en suspensión, y un sensor de ozono activa una alarma si se superan los *0,1 ppm* de concentración en el aire (*ejemplo de umbral de seguridad*).

En cuanto a la seguridad eléctrica y de incendio, se mantiene un entorno limpio, sin acumulación de papel cerca de equipos calientes, y cada impresora se conecta a un SAI (Sistema de Alimentación Ininterrumpida) que incorpora protección frente a sobrecarga y derivaciones a tierra (*ejemplos de medidas preventivas comunes*).

La ergonomía también forma parte del entorno seguro. Se recomienda el uso de mesas de trabajo de aproximadamente 90 cm de altura (*ejemplo*), apiladores neumáticos para mover cargas sin esfuerzo y formación específica para levantar correctamente reams de papel de hasta 25 kg (*ejemplo de peso típico*).

En lo que respecta a la protección individual, el personal debe utilizar guantes de nitrilo al manipular consumibles como el tóner, y gafas con protección lateral cuando se realizan tareas de limpieza que implican polvo o partículas volátiles. Además, en las impresoras de alta producción que superan los *80 dB(A)* durante los ciclos de funcionamiento intensivo (*ejemplo de nivel de ruido elevado*), se proporcionan tapones auditivos para minimizar el riesgo de daño auditivo.

7.6.1 Manejo seguro, prevención de riesgos y gestión de residuos

Alcanzar una gestión sostenible en un entorno reprográfico implica adoptar un enfoque integral que abarque la eficiencia energética, el tratamiento adecuado de residuos, el uso responsable de consumibles y la verificación periódica mediante auditorías internas. Estas acciones no solo reducen el impacto ambiental, sino que también mejoran la seguridad, la trazabilidad y la calidad del servicio.

Estrategias Integrales para la Sostenibilidad

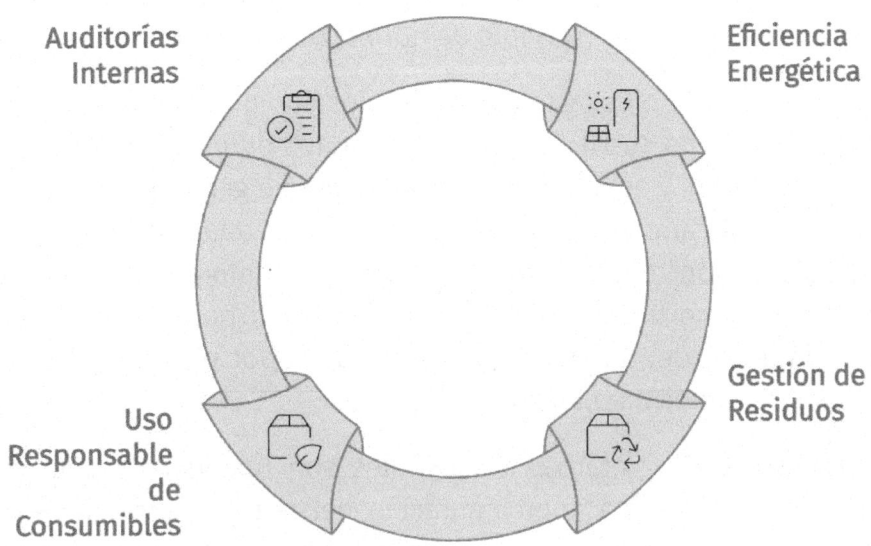

Auditorías
Internas

Eficiencia
Energética

Gestión de
Residuos

Uso
Responsable
de
Consumibles

En lo operativo, la sustitución de cartuchos de tóner debe seguir un procedimiento seguro y estandarizado. *Por ejemplo*, se comienza desconectando el equipo, aplicando una descarga electrostática y abriendo el compartimento siguiendo los pictogramas del fabricante. El cartucho usado se introduce en una bolsa hermética correctamente rotulada. Al final de la jornada, estas bolsas se depositan en un contenedor de residuos peligrosos con tapa enclavada (*ejemplo de medida de seguridad ambiental*).

En las tareas de limpieza, los trapos con solventes empleados para el mantenimiento de fusores se deben almacenar en recipientes metálicos antiignición. El papel sobrante se clasifica en dos categorías: el papel blanco no impreso se destina al reciclaje directo, mientras que el papel impreso confidencial se destruye previamente con una trituradora de corte cruzado 3 × 25 mm (*ejemplo de estándar de destrucción segura*) antes de enviarse al recuperador.

Los plásticos residuales también se separan correctamente: los PET de cubiertas se recogen en sacos azules y los films de polietileno en sacos amarillos, en cumplimiento del Sistema Integrado de Gestión (SIG) de envases industriales (*ejemplo de normativa aplicable*).

Desde el punto de vista energético, los equipos se configuran para entrar en modo de suspensión tras 15 minutos de inactividad (*ejemplo de ajuste común*), y se integran en un sistema de gestión domótica que apaga automáticamente las unidades periféricas a las 20:00 h (*ejemplo de programación energética*). El plan medioambiental puede fijar indicadores como un KPI de consumo de 3,5 Wh por página A4 y una reducción anual del 5 % en hojas descartadas por pruebas de calidad (*ejemplos de metas medibles*).

Las auditorías internas trimestrales son una herramienta clave para revisar la correcta implementación del sistema. Estas revisiones comprueban los registros de mantenimiento, las hojas de densidad, las fichas de residuos y las lecturas de ozono ambiental, proponiendo medidas correctoras ante cualquier desviación detectada.

Con la aplicación constante de estas prácticas, una sala de reprografía logra mantener un entorno de trabajo seguro y eficiente, alineado con la normativa medioambiental vigente y con una calidad de impresión constante en todos los procesos.

Nota

En un entorno de reprografía, el papel blanco sin impresión se recicla directamente. Las películas de polietileno se almacenan en bolsas amarillas y las cubiertas de PET en bolsas azules. Los trapos con solvente se guardan en recipientes metálicos, y el papel impreso confidencial debe triturarse antes de su recuperación..

Espectro ilustrativo de la gestión de materiales de desecho en un entorno de reprografía

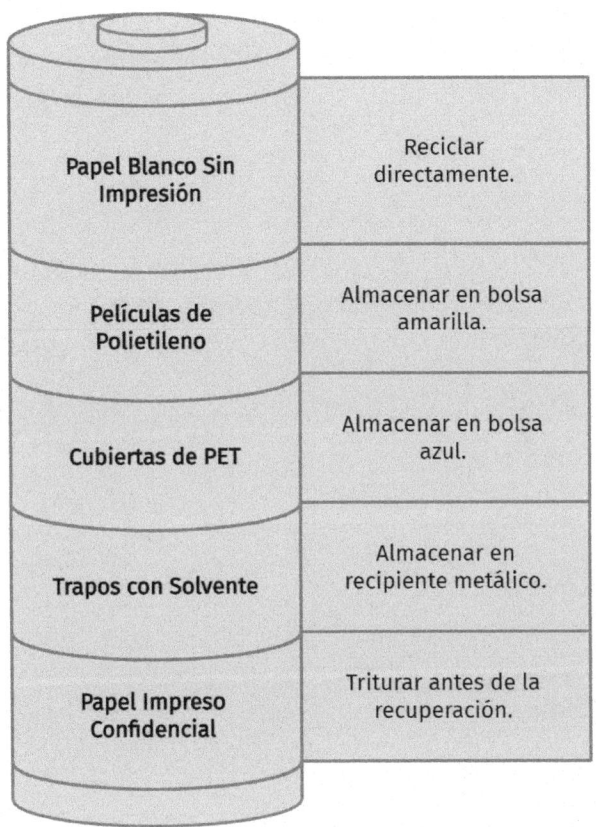

Papel Blanco Sin Impresión	Reciclar directamente.
Películas de Polietileno	Almacenar en bolsa amarilla.
Cubiertas de PET	Almacenar en bolsa azul.
Trapos con Solvente	Almacenar en recipiente metálico.
Papel Impreso Confidencial	Triturar antes de la recuperación.

8

Encuadernación funcional de documentos

Por último, este apartado profundiza en las técnicas de encuadernación y el manejo de maquinaria especializada para proteger y presentar documentos de manera profesional. Se describen los tipos de encuadernación más comunes (como canutillo, espiral y anillas), los materiales y consumibles empleados, así como las operaciones esenciales de corte, perforado o plastificado. Paralelamente, se subraya la relevancia de la prevención de riesgos y el reciclaje de residuos, garantizando una práctica sostenible y segura.

8.1 APLICACIONES Y TIPOS DE ENCUADERNACIÓN

La elección de un sistema de encuadernación parte de la función que cumplirá el documento, la frecuencia de consulta y la imagen corporativa deseada.

Manuales de formación, catálogos de productos, guías de usuario y memorias anuales requieren soluciones que permitan la apertura completa en plano, soporten un número elevado de hojas y acepten sustituciones rápidas de páginas.

En contextos académicos o de oficina, la flexibilidad para añadir o retirar secciones establece un valor añadido, mientras que en presentaciones comerciales se prioriza la estética y la resistencia al manejo durante las reuniones.

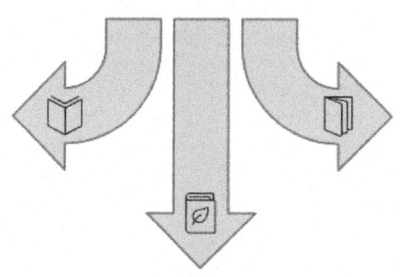

¿Qué método de encuadernación debe usarse?

Apertura completa en Plano

Ideal para manuales y catálogos que requieren una fácil consulta.

Flexibilidad para Añadir/Retirar

Adecuado para documentos académicos u de oficina que necesitan actualizaciones.

Estética y Durabilidad

Mejor para presentaciones comerciales donde la apariencia es crucial.

Las imprentas digitales y los servicios internos de reprografía combinan distintos métodos para cubrir desde tiradas únicas hasta producciones de cientos de ejemplares, optimizando tiempos de confección y costes de consumibles.

Situación	Necesidades	Encuadernación recomendada
Manual de formación interna	Apertura en plano, muchas páginas, resistencia al uso	Encuadernación wire-o
Catálogo de productos para clientes	Estética visual, actualización de páginas, durabilidad	Encuadernación en espiral plástico o metálico
Guía de usuario de software	Consulta frecuente, fácil lectura, posibilidad de sustituir hojas	Encuadernación en espiral
Memoria anual corporativa	Imagen corporativa, impresión cuidada, volumen alto de páginas	Encuadernación térmica con cubierta rígida o adhesiva

Situación	Necesidades	Encuadernación recomendada
Trabajo académico o tesis	Buena presentación, coste moderado, fácil encuadre	Encuadernación térmica o con canutillo
Informe de proyecto en oficina técnica	Agregar o quitar secciones, formato flexible, almacenamiento práctico	Encuadernación de canutillo plástico
Presentación comercial en feria	Impresión a color, resistencia al transporte, buena primera impresión	Encuadernación en tapa blanda con cola PUR
Dossier institucional de empresa	Acabado profesional, branding claro, encuadernación resistente	Encuadernación térmica en tapa dura
Propuesta de diseño gráfico personalizada	Alta personalización, atención al detalle visual, formato corto	Encuadernación grapada o con tapa blanda creativa
Libro de consulta técnica frecuente	Alta durabilidad, consulta frecuente, estructura robusta	Encuadernación con doble anillo metálico o cosido industrial

8.1.1 Canutillo, espiral y anillas

Se utilizan comúnmente en reprografía y oficinas para encuadernar documentos, permitiendo unir varias hojas perforadas en un solo bloque manejable, como si fuera un cuaderno o dossier. Son reutilizables, económicos y permiten que las páginas se abran completamente, lo que facilita la lectura y la fotocopia. Se colocan mediante una encuadernadora de canutillo, que perfora y abre el espiral para insertar las hojas.

El canutillo plástico —con dientes equidistantes que encajan en perforaciones rectangulares— favorece la actualización de contenidos, ya que se abre con una herramienta tipo peine y admite incorporaciones sin deterioro del lomo; se suministra en diámetros de 6 a 50 mm y en colores corporativos que refuerzan la identidad de marca.

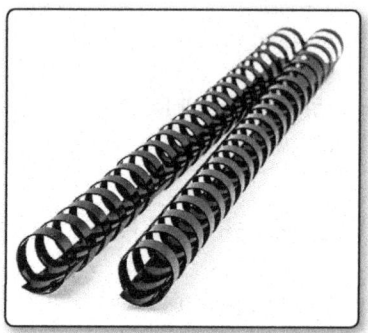

Canutillos plásticos de encuadernación, también conocidos como espirales de plástico o comb bindings.

Las anillas de doble bucle metálico (wire-O) combinan apariencia profesional y solidez: el cierre prensado fija con precisión el diámetro al grosor del bloque, impidiendo solturas; este método se prefiere en cuadernos premium, informes de alto nivel y agendas de dirección, donde la alineación perfecta del lomo transmite calidad.

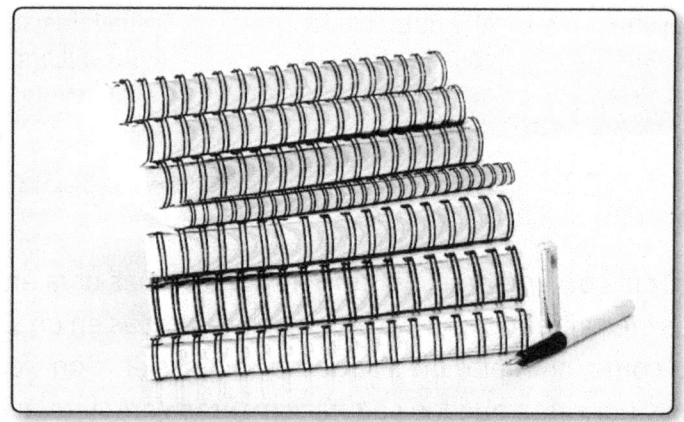

La imagen muestra varios cuadernos o documentos encuadernados con espiral metálico, también conocido como wire-o.

Este tipo de encuadernación es muy utilizado en presentaciones profesionales, agendas, catálogos y manuales porque permite una apertura de 360°, es resistente y da un acabado más formal y duradero que el canutillo plástico. Las hojas se perforan con orificios dobles y se insertan en un espiral metálico que luego se cierra con una máquina especial.

La espiral continua, fabricada en PVC o alambre recubierto, se inserta mediante enroscado automático y garantiza giro de 360 grados, propiedad apreciada en recetarios, cuadernos de campo y calendarios de escritorio; los pasos estándar 6 mm y 8 mm (pitch 0,247 " y 0,312 ") se alinean con plicas originadas por perforadora de troquel circular.

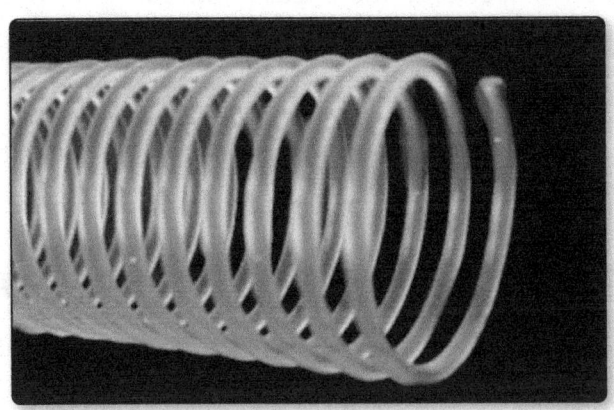

Espiral PVC de tipo continuo.

La espiral de PVC es flexible, duradero y permite que el documento se abra completamente en plano o se doble sobre sí mismo, lo que lo hace ideal para manuales, agendas o cuadernos de uso frecuente. Además, al estar hecho de plástico, es resistente a la deformación y más seguro en entornos escolares o de oficina.

Cada sistema requiere patrón de perforado específico (rectangular para canutillo, circular para espiral, cuadrado angosto para wire-O), detalle que condiciona la selección del perforador y la configuración de los topes laterales.

8.2 AJUSTE Y MANTENIMIENTO DE EQUIPOS DE ENCUADERNACIÓN

Los equipos de encuadernación son máquinas o herramientas que permiten unir páginas para formar documentos presentables, duraderos y manejables.

A continuación, se exponen los diversos equipos de encuadernación, clasificados según el tipo de encuadernación que realizan:

Perforadoras

Permiten realizar los agujeros necesarios en los márgenes del papel para insertar el sistema de encuadernado.

- ▼ Perforadora manual: se acciona con una palanca, ideal para volúmenes pequeños.

- ▼ Perforadora eléctrica: automatiza el proceso y es adecuada para alto rendimiento.

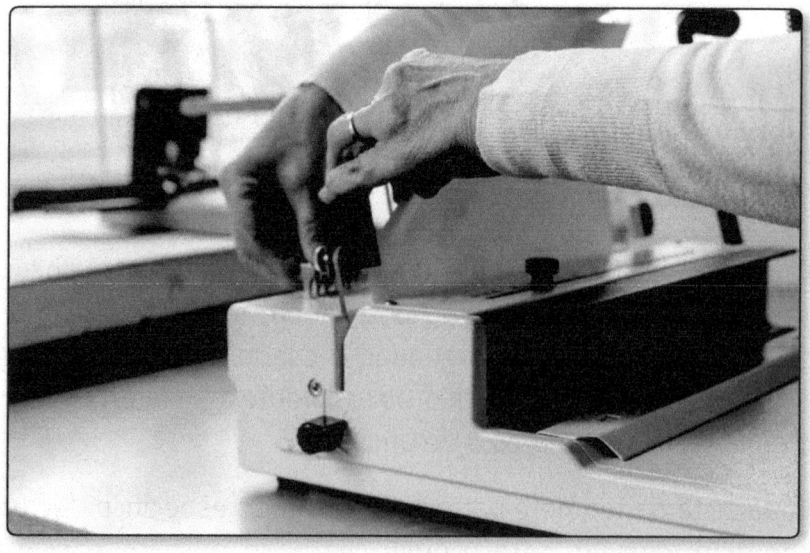

La imagen muestra una perforadora de documentos de uso manual, como parece en la imagen (accionada con una palanca), un equipo utilizado en procesos de encuadernación mecánica, como los de canutillo, espiral o wire-o.

Es una herramienta esencial en imprentas, centros de reprografía, copisterías y oficinas que elaboran informes o presentaciones encuadernadas.

Encuadernadoras por tipo de encuadernación

Encuadernadora de canutillo plástico

- ▼ Perfora el papel y abre los canutillos para insertar las hojas.
- ▼ Útil para documentos modificables, presentaciones y manuales internos.

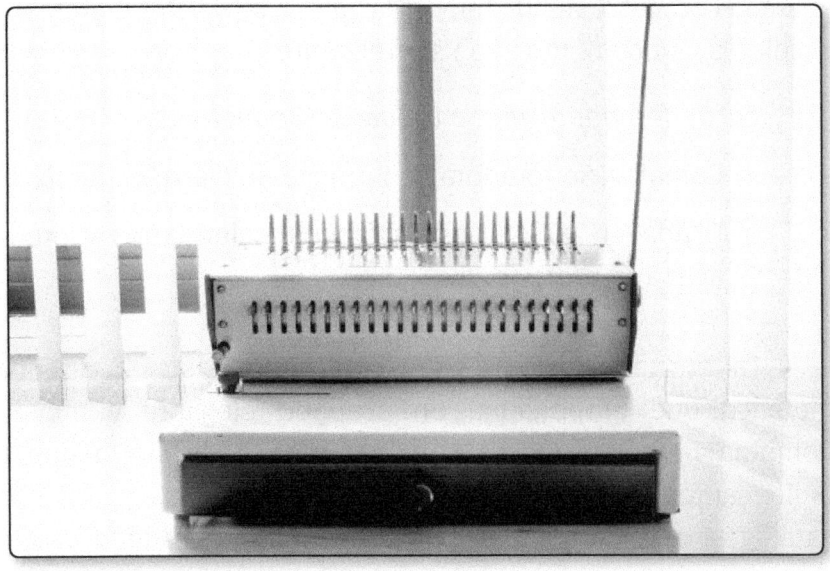

Encuadernadora de canutillo plástico, este equipo se utiliza para perforar hojas y encuadernarlas con canutillos plásticos, que se abren en las púas superiores visibles (donde se colocan los canutillos abiertos).

El proceso consiste en perforar el papel con los orificios rectangulares y luego insertar el canutillo abierto, que se cierra sobre las hojas. Es una encuadernación muy común en oficinas, centros educativos y copisterías por su bajo coste, facilidad de uso y posibilidad de añadir o quitar páginas fácilmente.

Encuadernadora de espiral

▸ Puede insertar espiral plástico o metálico (generalmente redondo).

▸ La versión profesional incluye insertador automático de espiral.

Este equipo permite encuadernar documentos utilizando un espiral continuo, ya sea de plástico o metálico, que se enrosca a través de orificios redondos previamente perforados. Su principal ventaja es la flexibilidad: permite abrir el documento 360° y mantenerlo completamente plano. Las versiones profesionales incorporan un insertador automático que facilita el proceso, siendo muy utilizada en manuales, libretas, cuadernos escolares y documentos de uso frecuente.

Encuadernadora wire-o (doble anillo metálico)

▸ Combina perforadora con prensa de cierre de anillo doble.

▸ Usada en cuadernos, catálogos, calendarios y productos con acabado profesional.

La encuadernadora wire-o utiliza un sistema de doble anillo metálico que proporciona un acabado elegante y muy resistente. Combina una perforadora con una prensa de cierre que ajusta los anillos al tamaño del documento. Es común en cuadernos corporativos, catálogos, calendarios y presentaciones de alta calidad, ya que permite una apertura cómoda y una gran durabilidad sin deformación.

Encuadernadora térmica

▸ No perfora. Usa carpetas con adhesivo que se activan por calor.

▸ Ideal para informes, tesis, dossiers y documentos finales.

Este tipo de encuadernadora funciona sin perforar el papel. Utiliza carpetas especiales con un adhesivo interno que se activa mediante calor, fijando las hojas en bloque. El resultado es similar al de un libro encuadernado, con un lomo firme y acabado limpio. Es especialmente adecuada para documentos definitivos como tesis, memorias, informes legales o presentaciones ejecutivas.

Encuadernadora Fastback / Unibind

▼ Usa tiras o cubiertas con pegamento térmico o presión.

▼ Muy rápidas y con aspecto elegante. No requiere perforación.

Estos sistemas de encuadernación utilizan tiras o cubiertas con pegamento activado por presión o calor, sin necesidad de perforar el papel. Son rápidos, limpios y ofrecen un aspecto moderno y profesional. Se usan mucho en oficinas para generar informes, propuestas o documentos corporativos con una presentación cuidada en cuestión de segundos.

Equipos auxiliares y complementarios

▼ Guillotinas: para recortar bordes o igualar márgenes.

▼ Prensas de wire-o: cierran con precisión los anillos metálicos.

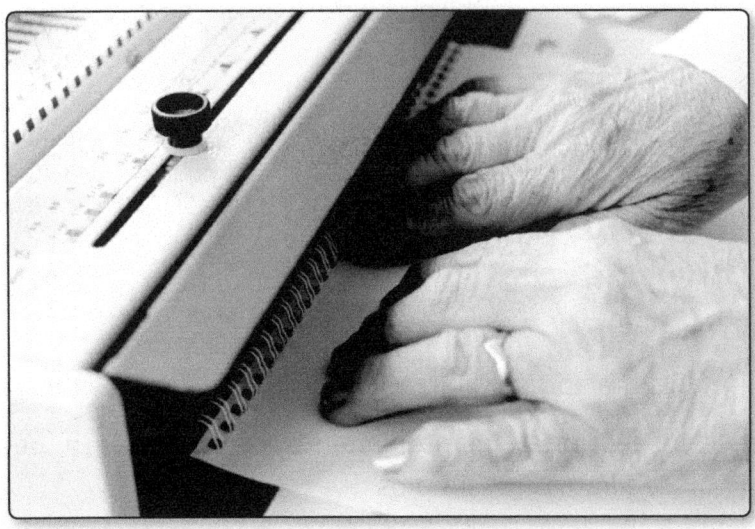

Uso de una prensa de cierre para encuadernación wire-o (doble anillo metálico).

- Cizallas y cortadoras: para cortes manuales precisos.

- Tapadoras: colocan tapas y cubiertas rígidas o blandas.

- Plastificadoras: no encuadernan, pero complementan el acabado.

Por otro lado, las tareas necesarias para asegurar que las máquinas de encuadernar (como perforadoras, enrolladoras de espiral o prensas wire-o) funcionen correctamente incluyen:

Mantenimiento de máquinas de encuadernación

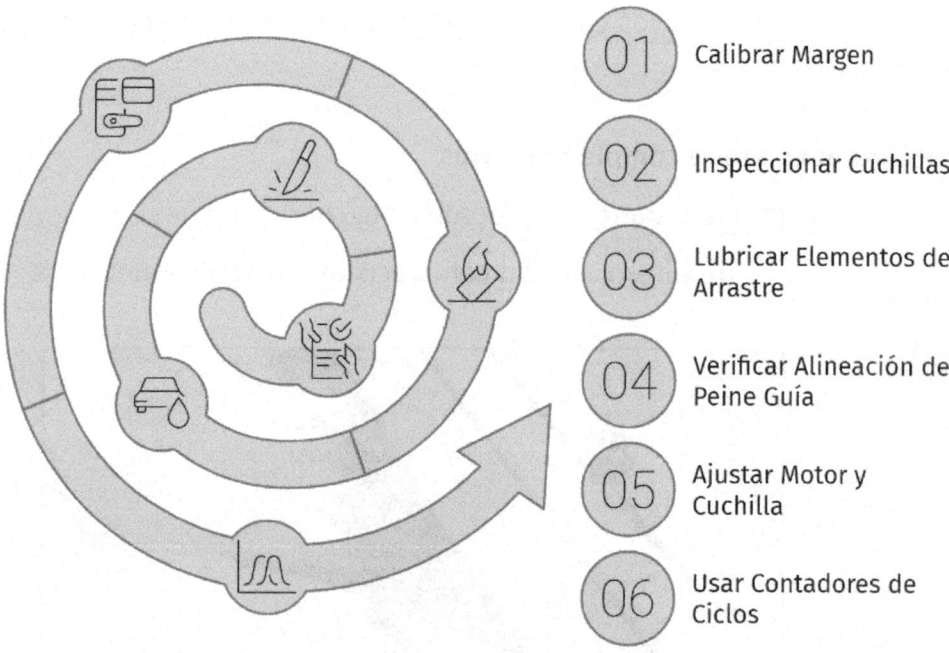

01 Calibrar Margen

02 Inspeccionar Cuchillas

03 Lubricar Elementos de Arrastre

04 Verificar Alineación del Peine Guía

05 Ajustar Motor y Cuchilla

06 Usar Contadores de Ciclos

- Calibración del margen para evitar desgarros del papel.

- Inspección y mantenimiento de cuchillas y punzones para asegurar cortes limpios.

- Lubricación de elementos de arrastre con aceite adecuado.

▼ Verificación de la alineación del peine guía, usando cartulinas de prueba.

▼ En el caso de enrolladoras de espiral, ajustes de motor y cuchilla de corte final.

▼ Uso de contadores de ciclos para programar revisiones preventivas y evitar fallos.

En cuanto a los componentes adecuados para que la encuadernación sea funcional, estética y profesional:

Componentes de una encuadernación exitosa

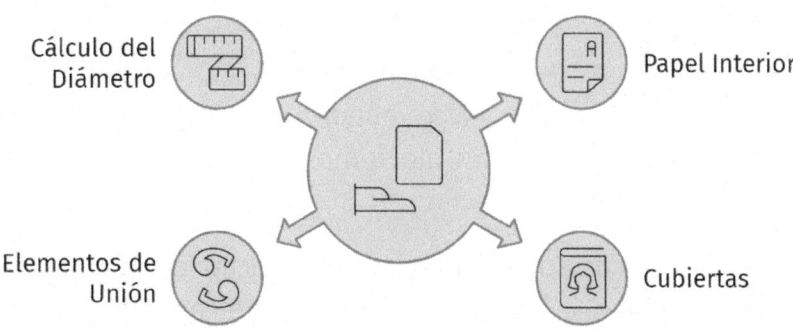

▼ Papel interior: offset para escritura, couché para impresiones a color.

▼ Cubiertas: PET transparente para protección visual; cartulina gráfica para firmeza y personalización.

▼ Elementos de unión (canutillo, espiral, wire-o): elegidos según tamaño del documento y tipo de encuadernadora.

▼ Cálculo del diámetro adecuado según el número de hojas, para evitar que el lomo se deforme o quede suelto.

Caso práctico contextualizado

Procedimiento técnico de preparación y mantenimiento de equipos de encuadernación, junto con criterios para la correcta selección de materiales y útiles utilizados en dicho proceso

La puesta a punto se inicia con la calibración del margen automático, garantizando que la perforación respete la distancia al borde recomendada por el fabricante (generalmente 3,5 mm) para evitar desgarros.

Las cuchillas y los punzones se inspeccionan semanalmente; cualquier signo de rebaba exige afilado con piedra diamantada o sustitución inmediata, pues un filo romo genera rebordes de papel y compromete la apariencia.

Los elementos de arrastre precisan lubricación con aceite ligero ISO 68 aplicado por goteo, evitando excesos que atraigan polvo de celulosa. La alineación del peine guía se verifica introduciendo una cartulina testigo; todas las perforaciones deben aparecer paralelas al lomo.

En enrolladoras de espiral, el eje motorizado se ajusta para que la espiral avance sin torsión, y la cuchilla cortapuntas se sincroniza a 2 mm del borde terminal.

Los contadores de ciclos integrados ayudan a programar revisiones preventivas cada 50 000 perforaciones, reduciendo paradas imprevistas.

8.3 SELECCIÓN DE MATERIALES Y ÚTILES

La pericia en encuadernación reside en la combinación adecuada de papel interior, cubierta, elemento de unión y accesorios.

Para el cuerpo del documento se emplea papel offset liso de 80 g/m² cuando el objetivo es ligereza y facilidad de escritura manual, o couché mate de 120 g/m² si se incluyen fotografías a todo color.

Las cubiertas transparentes de PET de 200 µm protegen sin ocultar la portada, mientras que las carátulas de cartulina gráfica de 250 g/m² aportan rigidez y admiten barniz UV selectivo que realza logotipos.

La longitud del canutillo, espiral o wire-O se dimensiona al formato A4 o A5 más 3 mm para evitar sobresalir. Los diámetros se escogen según la tabla de equivalencias: 16 mm para 120 hojas de 80 g/m², 32 mm para 280 hojas, asegurando que el lomo no presente curvatura forzada.

Esta selección debe adaptarse al tipo de documento, al uso previsto y al sistema de encuadernación empleado (canutillo, espiral, wire-o, térmica, etc.):

▸ Papel interior

- Offset liso de 80 g/m²: ligero, económico y perfecto para escritura manual.

- Couché mate de 120 g/m²: ideal para impresiones a color, catálogos o documentos con imágenes de alta calidad.

▸ Cubiertas

- PET transparente (200 micras): protege sin ocultar el diseño de portada.

- Cartulina gráfica (250 g/m²): aporta rigidez y se puede personalizar con acabados como barniz UV selectivo, que realza logotipos o zonas destacadas.

▶ Elemento de unión

- Canutillo plástico: flexible y reutilizable, ideal para documentos modificables.

- Espiral (plástico o metálico): resistente y permite apertura total del documento.

- Wire-o (doble anillo metálico): da un acabado profesional y duradero.

- Tira térmica / cubierta adhesiva: sin perforación, usada para informes finales o presentaciones formales.

La longitud debe coincidir con el formato del documento (A4, A5, etc.) y se recomienda sumar 3 mm para evitar que sobresalga.

▶ Diámetro del encuadernado

- Elegir el diámetro adecuado evita que el lomo quede forzado o flojo:

  - 16 mm → hasta 120 hojas (80 g/m²)
  - 32 mm → hasta 280 hojas

- Se consulta una tabla de equivalencias proporcionada por el fabricante o incluida en la encuadernadora.

8.3.1 Papeles, plásticos, grapas y accesorios

En el proceso de encuadernación, la elección de los materiales no solo determina el acabado estético del documento, sino también su funcionalidad, durabilidad y adaptación al uso previsto. Desde papeles técnicos y reciclados hasta plásticos especializados y accesorios de refuerzo, cada elemento cumple un papel clave para garantizar una presentación profesional y una manipulación segura en entornos exigentes:

Materiales de encuadernación

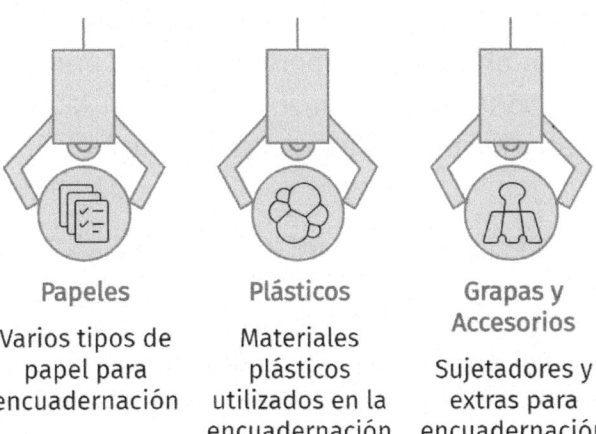

Papeles	Plásticos	Grapas y Accesorios
Varios tipos de papel para encuadernación	Materiales plásticos utilizados en la encuadernación	Sujetadores y extras para encuadernación

▶ Papeles: offset blanco de fibra virgen, offset reciclado con sello Ángel Azul, papel texturizado verjurado para ediciones especiales, papel sintético impermeable para manuales de mantenimiento.

▶ Plásticos: cubiertas PET antiarañazos, PVC rígido para contraportada, polipropileno esmerilado que disipa la electricidad estática, espiral de PVC con aditivo retardante de llama V-0.

▶ Grapas y accesorios: grapas galvanizadas 26/6 para refuerzo previo a la perforación, esquineras metálicas que previenen dobleces en documentos de tráfico intenso, sujetadores de identificación para etiquetar el lomo y cintas de tela adhesiva para refuerzo de bisagra en bloques de gran espesor. Se incluyen además presillas de cierre para espiral metálica que evitan desenroscado accidental y separadores permanentes que marcan capítulos.

Cada material se almacena en ambientes de 20–24 °C y 45–55 % de humedad relativa, dentro de embalaje sellado que impide curvaturas y descargas estáticas. La ficha técnica anexa detalla compatibilidades con tóner, resistencia al pliegue y comportamiento en pruebas de abrasión Taber, asegurando que la pieza final cumpla con las expectativas de durabilidad y presentación exigidas por el cliente.

8.4 REALIZACIÓN DE OPERACIONES TÉCNICAS

La fase de acabados integra una secuencia en la que el bloque impreso adopta su forma definitiva mediante acciones que refinan la presentación y aseguran la funcionalidad del documento. Estas operaciones se planifican en la orden de trabajo con códigos que identifican la ruta de cada lote y fijan tolerancias de precisión, tiempo de ciclo y control de residuos. El operario consulta la hoja técnica, ajusta la maquinaria a las dimensiones nominales y registra los contadores de arranque para la trazabilidad de tirada.

8.4.1 Igualado, alzado, perforado, numerado, engomado, grapado

En los procesos de acabado gráfico, varias operaciones técnicas garantizan que los documentos cumplan con los estándares de calidad y funcionalidad requeridos:

El **igualado** consiste en cortar los márgenes sobrantes de los pliegos para que todos los bloques de papel coincidan con exactitud milimétrica. Esta operación se realiza con guillotinas hidráulicas que aplican una presión uniforme —regulable según la pila de papel— y utilizan cuchillas de acero de alta velocidad (HSS), afiladas a ángulos específicos (como 24°) y lubricadas con emulsiones técnicas que reducen el desgaste. Para verificar el escuadre, el operario utiliza un pliego testigo y comprueba que la desviación diagonal no supere los márgenes aceptables (por ejemplo, 0,15 mm), garantizando así un acabado visualmente limpio y funcionalmente preciso.

Proceso de acabado gráfico

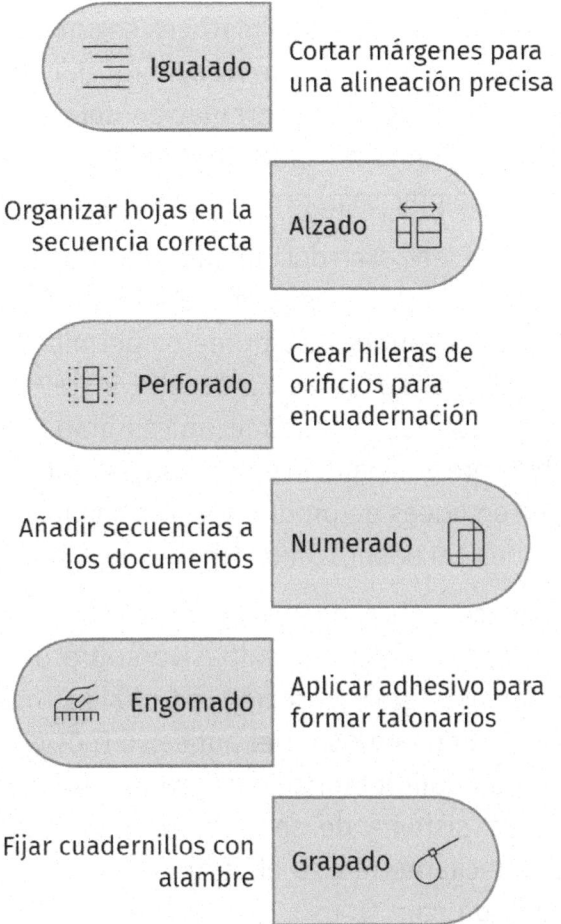

Igualado — Cortar márgenes para una alineación precisa

Organizar hojas en la secuencia correcta — Alzado

Perforado — Crear hileras de orificios para encuadernación

Añadir secuencias a los documentos — Numerado

Engomado — Aplicar adhesivo para formar talonarios

Fijar cuadernillos con alambre — Grapado

El **alzado** es el proceso por el cual se agrupan las hojas en el orden correcto antes de la encuadernación. En líneas automatizadas, las máquinas utilizan sistemas de succión y pinzas que separan y colocan los pliegos, mientras que sensores ópticos confirman la presencia de cada hoja y dispositivos de rechazo apartan automáticamente los bloques incompletos. Cuando el alzado es manual, se emplean bandejas inclinadas que facilitan la recogida secuencial, y se utilizan códigos de color o marcas en el lomo para identificar diferentes secciones del documento.

El **perforado** tiene como finalidad crear hileras de orificios, ya sea para permitir la encuadernación mediante espiral, canutillo o wire-o, o bien para fabricar formularios con zonas desprendibles. Las perforadoras neumáticas profesionales permiten intercambiar matrices según el patrón requerido (como 3:1 o 4:1 para wire-o), y pueden incorporar microperforaciones de 1 mm en papeles troquelables. La coordinación del avance del papel y el punzonado se realiza mediante controladores programables (PLC), que aseguran una sincronía precisa para evitar desalineaciones.

El **numerado** es esencial en documentos oficiales, tickets, formularios o talonarios, y puede realizarse mediante cabezales de impresión inkjet o sistemas mecánicos de gofrado. Los primeros permiten una numeración rápida y versátil, utilizando tintas de secado instantáneo para evitar manchas, mientras que las ruedas mecánicas graban los números en relieve, ajustando la presión para no deformar el soporte. Ambos sistemas pueden integrarse en líneas de producción y configurarse para trabajar a diferentes posiciones del papel, como el margen o el lomo.

El **engomado** se utiliza en la fabricación de talonarios y blocs, y consiste en aplicar una capa de adhesivo sobre uno de los bordes del bloque de hojas. Esta operación se realiza mediante rodillos ranurados que controlan el grosor del adhesivo (por ejemplo, 0,07 mm), generalmente de tipo poliuretánico reactivo, que endurece rápidamente tras el paso por un sistema de secado infrarrojo. Una vez curada la cola, una cuchilla oscilante realiza el corte de separación, liberando el conjunto ya preparado para su uso.

Por último, el **grapado** permite fijar cuadernillos mediante grapas metálicas, habitualmente de alambre galvanizado de 0,5 mm de diámetro. En los sistemas de grapado en línea, la inserción de la grapa se sincroniza con el plegado de las hojas, asegurando que la sujeción sea firme y esté bien alineada. Algunas grapadoras incorporan yunques en forma de omega, que pliegan las patas de la grapa con mayor firmeza. Además, en equipos con caballete, se puede ajustar con precisión la posición del grapado, y sensores de presencia evitan errores cuando faltan hojas, garantizando que no se grapen documentos incompletos.

8.5 USO DE MAQUINARIA ESPECIALIZADA

Los equipos de acabado industrial se configuran en islas que optimizan el flujo y reducen manipulaciones intermedias. Cada máquina cuenta con interfaz táctil multilingüe, memoria de trabajos frecuentes y diagnóstico remoto para asistencia técnica. Antes de iniciar, el operario introduce parámetros de lote, calibre la cuchilla con galga digital y ejecute una prueba en papel sobrante para validar la configuración. Los dispositivos incorporan resguardos abatibles con microinterruptor que detiene la operación si se abre la cubierta, cumpliendo la norma ISO 12100 de seguridad de máquinas.

8.5.1 Corte, plegado y plastificado

En los procesos de acabado industrial, operaciones como el corte, el plegado y el plastificado exigen precisión mecánica y control automatizado para garantizar calidad y eficiencia:

Proceso de acabado industrial

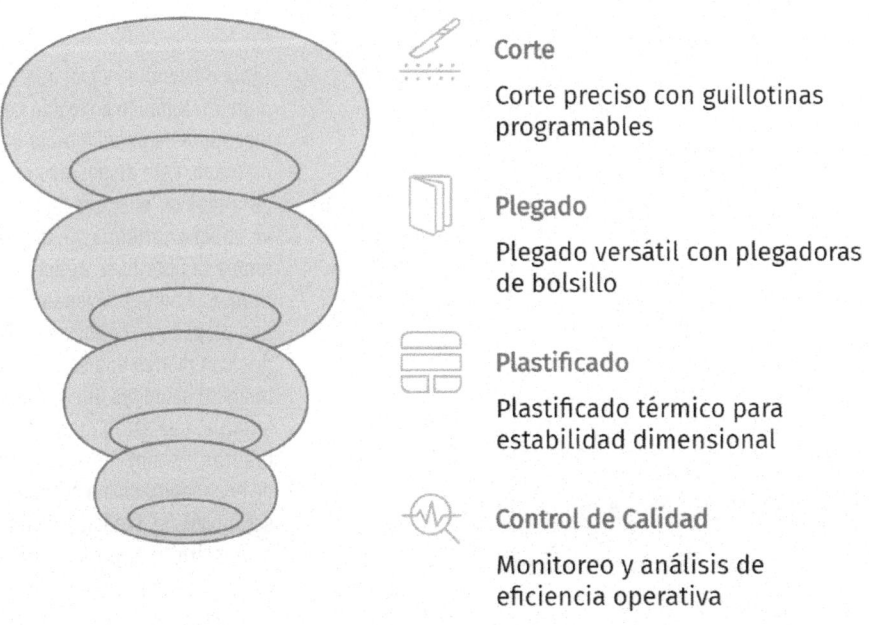

Corte

Corte preciso con guillotinas programables

Plegado

Plegado versátil con plegadoras de bolsillo

Plastificado

Plastificado térmico para estabilidad dimensional

Control de Calidad

Monitoreo y análisis de eficiencia operativa

En los procesos de acabado gráfico y encuadernación, el corte, el plegado y el plastificado son operaciones clave que permiten preparar los documentos para su presentación final. Estas tareas se adaptan a las necesidades específicas del producto y al volumen de producción, pudiendo realizarse de forma manual, semiautomática o con maquinaria profesional automatizada.

El **corte** garantiza que todos los pliegos o bloques tengan el mismo tamaño, eliminando rebordes o imperfecciones. Puede realizarse con guillotinas manuales en entornos reducidos o con equipos programables en entornos industriales, que permiten manejar grandes volúmenes con precisión. Su correcta ejecución asegura un acabado limpio y profesional, además de facilitar las fases posteriores como el encuadernado o el empaquetado.

El **plegado** se aplica cuando el documento requiere presentaciones en díptico, tríptico o formato desplegable. Puede realizarse manualmente o mediante plegadoras mecánicas o electrónicas. En materiales gruesos o con mucha tinta, es habitual realizar un **hendido previo** para evitar roturas o agrietamientos en la fibra del papel. Este paso es frecuente en folletos, cubiertas o encartes.

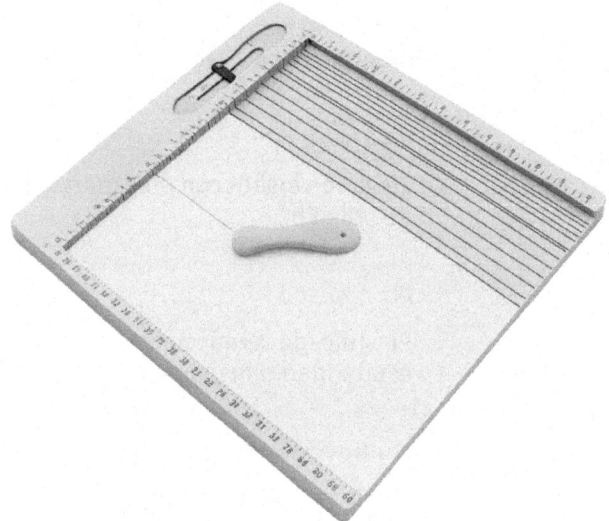

Tabla de hendido y plegado manual, también conocida como plegadora de papel o tabla de marcado. Este dispositivo se utiliza para realizar pliegues precisos en papel o cartulina sin que se rompa la fibra ni se agriete la tinta. Funciona presionando con una plegadera (la herramienta gris con mango que se ve en la imagen) sobre las líneas guía de la tabla, que están marcadas con ranuras. Es muy útil en trabajos de encuadernación artesanal, scrapbooking, creación de tarjetas, sobres, trípticos y otros proyectos gráficos donde se requiere un acabado limpio y profesional.

El **plastificado** consiste en aplicar una lámina plástica protectora sobre una o ambas caras del documento. Se emplea para mejorar la resistencia al roce, la humedad o la manipulación intensiva, y también para aportar un acabado visual atractivo (brillo, mate, soft touch). Puede hacerse con laminadoras sencillas de sobremesa o con equipos industriales que ajustan temperatura, presión y velocidad según el tipo de papel y film. Este proceso es común en portadas, menús, carátulas o materiales promocionales.

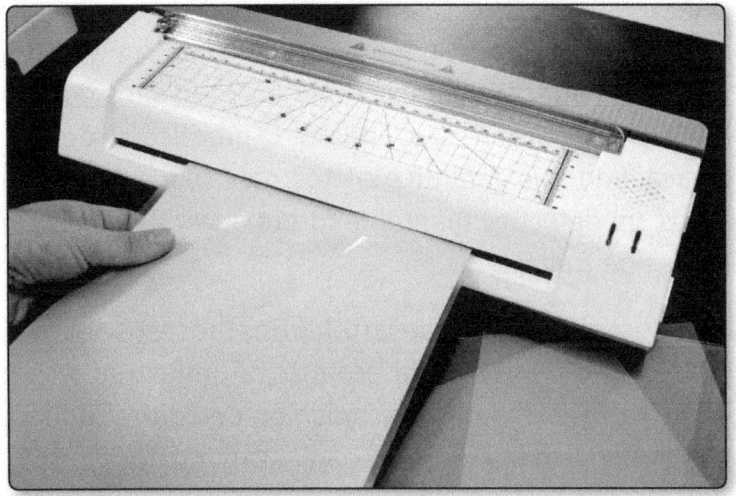

La imagen muestra una plastificadora térmica de sobremesa, también conocida como laminadora. Este equipo se utiliza para plastificar documentos, es decir, cubrirlos con una fina lámina plástica (normalmente de tipo PET o EVA) para protegerlos contra el desgaste, la humedad y las manchas. El funcionamiento consiste en introducir el documento dentro de una funda plástica, que luego se pasa entre rodillos calentados. El calor activa el adhesivo de la funda y lo fija de forma permanente al papel. Este proceso es muy habitual en oficinas, reprografías y centros educativos para proteger carnés, menús, carteles, horarios o diplomas.

La aplicación o no de estos procesos, así como el nivel de automatización empleado, dependerá del tipo de encuadernación, del volumen de producción y de los requisitos de calidad del cliente o del producto final.

Caso práctico
contextualizado

Empresa gráfica Imprenta S.L.

La empresa gráfica Imprenta S.L. ha firmado un contrato con una editorial para producir 50.000 ejemplares de un manual técnico de alta calidad, impreso en color sobre papel couché de 135 g/m² y encuadernado con tapa blanda plastificada. Para cumplir los requisitos del cliente y los estándares ISO 9001 de calidad, el equipo de producción debe aplicar un proceso de acabado que garantice cortes precisos, plegados uniformes y plastificados sin defectos, manteniendo una trazabilidad completa de las condiciones de trabajo.

Hay que describir cómo se desarrollan los procesos de corte, plegado y plastificado en este entorno de producción industrial, especificando las tecnologías empleadas, los mecanismos de control aplicados y los sistemas de supervisión utilizados para asegurar la calidad final del producto.

- ▶ Corte: la guillotina programable admite pilas de 12 cm y longitudes hasta 780 mm. Un control óptico verifica la línea de corte proyectando haz láser rojo y la mesa de aire impulsa microcolchón que disminuye la fricción al mover la resma. El avance trasero se acciona mediante husillo de bola con resolución de 0,01 mm, permitiendo rebanadas uniformes. Tras cada 1 000 cortes se ejecuta autolimpieza de virutas para proteger la cuchilla.

▶ Plegado: los plegadores de bolsillo ajustan rodillos de caucho de 55 Shore A que arrastran el papel a 120 m/minuto. La placa de hoja guía determina ángulos de 180°, 150° o 90°, conformando plegados sencillos, trípticos o en cruz. Sensores ultrasónicos detectan doble alimentación; al dispararse, la máquina abre separadores y expulsa los pliegos sobrantes sin detener la producción. Para gramajes superiores a 170 g/m² se emplean plegadores de hendido previo, cuya rueda presiona 1,2 N sobre la fibra y evita grietas en la tinta.

▶ Plastificado: la laminadora térmica consta de rodillo calefactado a 120-130 °C y rodillo de presión en silicona de 70 Shore A. Se alimenta film PET/EVA de 24 µm en bobina; el pre-tensionado se regula con freno magnético a 45 N·m para prevenir arrugas. Un microprocesador controla la velocidad de 5 a 20 m/minuto, adaptándola al gramaje y a la cobertura de tinta. Tras la salida, una cuchilla de festón separa las hojas y una mesa refrigerada baja instantáneamente la temperatura a 35 °C, fijando la adhesión. Los ajustes de corona antipolar remueven carga estática antes de apilar. Para laminar a una cara se activa la barra de desdoble, que evita curvaturas compensando tensión diferencial.

Todos los registros de máquina —temperatura, presión, velocidad, número de ciclos— se vuelcan a un sistema MES (Manufacturing Execution System) que consolida indicadores OEE (eficiencia global) y emite alarmas si detecta variaciones más allá del límite de control. El resultado es un acabado homogéneo que cumple especificaciones de cliente, optimiza recursos y respeta normas ISO 9001 de gestión de calidad.

8.6 NORMAS DE SEGURIDAD Y MEDIOAMBIENTE EN ENCUADERNACIÓN

Las actividades relacionadas con la encuadernación, especialmente en entornos industriales o semiautomatizados, deben desarrollarse en un marco que garantice la **seguridad de las personas**, el **control ambiental del espacio de trabajo** y el **uso eficiente de la energía**. Para ello, se aplican normativas específicas que establecen medidas preventivas tanto en el uso de maquinaria como en la gestión de condiciones laborales y técnicas.

Estrategias Integrales para la Seguridad y Eficiencia en la Encuadernación Industrial

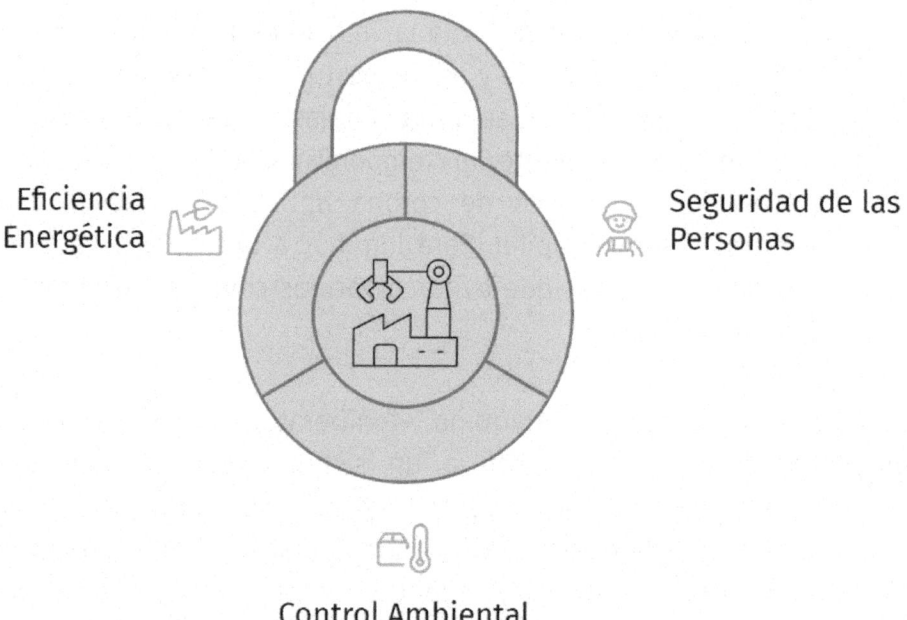

Eficiencia Energética

Seguridad de las Personas

Control Ambiental

En lo referente a seguridad en el manejo de equipos, se integra la Directiva 2006/42/CE sobre seguridad de máquinas y la norma ISO 45001, centrada en la gestión de la salud y seguridad en el trabajo.

Esquema de sobre seguridad en entornos de impresión:

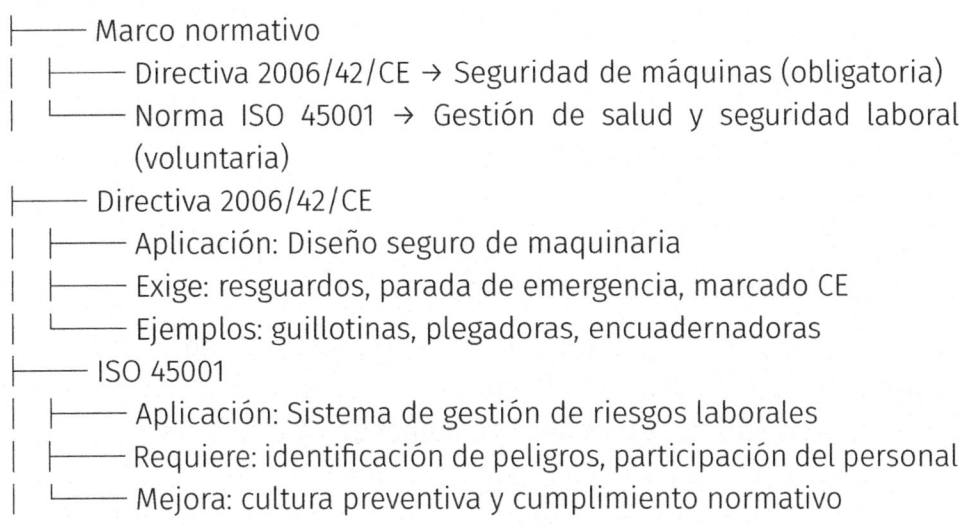

```
├─── Marco normativo
│   ├─── Directiva 2006/42/CE → Seguridad de máquinas (obligatoria)
│   └─── Norma ISO 45001 → Gestión de salud y seguridad laboral
│        (voluntaria)
├─── Directiva 2006/42/CE
│   ├─── Aplicación: Diseño seguro de maquinaria
│   ├─── Exige: resguardos, parada de emergencia, marcado CE
│   └─── Ejemplos: guillotinas, plegadoras, encuadernadoras
├─── ISO 45001
│   ├─── Aplicación: Sistema de gestión de riesgos laborales
│   ├─── Requiere: identificación de peligros, participación del personal
│   └─── Mejora: cultura preventiva y cumplimiento normativo
```

Los equipos utilizados en encuadernación industrial, como guillotinas, perforadoras o prensas para wire-o y espiral, deben contar con elementos de seguridad integrados. Entre ellos destacan los resguardos interbloqueados, un sistema mediante el cual el funcionamiento del equipo se detiene automáticamente si se abre alguna de sus carcasas protectoras, evitando así el acceso accidental a componentes en movimiento.

Además, se instalan botones de parada de emergencia fácilmente identificables. *Por ejemplo*, se distribuyen a lo largo del área de trabajo, con una frecuencia habitual de uno por metro lineal (*ejemplo*) y en color rojo de alta visibilidad, lo que permite una reacción rápida ante cualquier situación de riesgo.

Para tareas de mantenimiento o limpieza, los cuadros eléctricos deben incorporar seccionadores bloqueables, que permiten aplicar procedimientos tipo *lock out/tag out*. Esta técnica impide el encendido involuntario del equipo durante la intervención, reforzando la seguridad del operario.

También se establecen condiciones de iluminación adecuadas, que favorecen la concentración y reducen la fatiga visual. *Por ejemplo*, se recomienda un nivel de 500 lux en zonas de corte como las guillotinas, y al menos 300 lux en áreas de montaje, revisión o embalaje (*valores orientativos habituales en el sector*).

Desde el punto de vista ambiental, los procesos de encuadernación generan micropartículas, como virutas de papel o residuos metálicos procedentes de los punzones. Para mantener una atmósfera saludable, se emplean sistemas de aspiración localizada que reducen la concentración de partículas en el aire. *Por ejemplo*, se busca mantener este nivel por debajo de 2 mg/m^3, de acuerdo con la norma EN 689 (*límite de referencia común*). Estos sistemas incorporan filtros de alta eficiencia tipo MERV 15, que deben ser revisados y sustituidos *habitualmente cada 1.500 horas de uso* (*ejemplo de frecuencia de mantenimiento*).

En cuanto a la sostenibilidad energética, muchas instalaciones siguen las recomendaciones de la norma ISO 50001 para la gestión eficiente del consumo eléctrico. Esto implica la monitorización continua de consumos en equipos como prensas, compresores, sistemas de iluminación o climatización. Para mejorar la eficiencia, se instalan *variadores de frecuencia* en los motores eléctricos, que ajustan su velocidad en función de la demanda real. Esta medida contribuye a reducir los picos de arranque, minimiza el desgaste de los componentes y disminuye el consumo energético total del sistema.

Caso práctico contextualizado

Empresa de encuadernación industrial

Una empresa de encuadernación industrial está modernizando sus instalaciones y necesita garantizar que sus operaciones se ajustan a las exigencias legales y normativas en materia de seguridad laboral, calidad ambiental y eficiencia energética. ¿Qué medidas debe aplicar en sus equipos, instalaciones y procedimientos para cumplir con la normativa europea, evitar riesgos laborales, mantener un entorno saludable y controlar el consumo energético?

Las operaciones de encuadernación exigen un marco preventivo que integre la Directiva 2006/42/CE de seguridad de máquinas, la norma ISO 45001 sobre sistemas de gestión de la salud laboral y los requisitos de atmósfera interior fijados por la reglamentación local de higiene industrial.

Las guillotinas, perforadoras y prensas de alambre incorporan resguardos interbloqueados que detienen el ciclo al alterar la posición de las carcasas; los botones de parada de emergencia se distribuyen cada metro y resaltan en color rojo RAL 3000. Los cuadros eléctricos cuentan con seccionador bloqueable que permite tareas de limpieza bajo procedimiento de consignación lock-out/tag-out, evitando arranques intempestivos. La iluminación alcanza un mínimo de 500 lux en zona de corte y 300 lux en área de ensamblado, lo que reduce errores visuales y fatiga ocular.

Un sistema de aspiración de viruta retira micropartículas de papel y polvo metálico, manteniendo concentración inferior a 2 mg/m³ según EN 689; los conductos poseen filtros de eficiencia MERV 15 y se someten a mantenimiento cada 1 500 horas de servicio.

El plan energético se alinea con ISO 50001 y monitoriza consumo de prensas, compresores y alumbrado, implantando variadores de frecuencia que rebajan picos de arranque.

8.6.1 Prevención de riesgos y reciclaje de materiales

En las tareas de encuadernación, especialmente en entornos donde se emplean prensas, guillotinas, plegadoras y grapadoras automáticas, es fundamental identificar y controlar los riesgos que pueden afectar al personal técnico. Mediante un análisis de riesgos actualizado, se determinan como eventos más probables los atrapamientos de manos en sistemas de rodillos, la proyección accidental de grapas sueltas y los cortes por contacto con cuchillas de corte o perforado. Estos riesgos no solo están relacionados con la maquinaria, sino también con la manipulación manual de materiales en procesos repetitivos.

Para reducir estos peligros, las empresas implantan programas de formación continua, con sesiones prácticas y teóricas, incluyendo simulaciones de trabajo seguro y protocolos de intervención ante fallos o bloqueos.

El uso de equipos de protección individual es obligatorio: se distribuyen **guantes anticorte nivel C**, certificados según la norma **EN 388**, y **gafas de seguridad con homologación EN 166**, que se entregan desde el vestuario y cuyo uso se verifica diariamente mediante listas de chequeo operativas.

Guantes anticorte

Gafas de seguridad

Además, las condiciones del entorno físico también se controlan: los suelos deben contar con un **coeficiente de fricción igual o superior a 0,45**, con el objetivo de prevenir caídas, y todas las rutas de evacuación deben estar señalizadas con elementos **fotoluminiscentes conforme a la norma ISO 16069**, garantizando su visibilidad en caso de corte eléctrico o evacuación.

Elementos fotoluminiscentes

En el plano medioambiental, los procesos de encuadernación generan diversos tipos de residuos, los cuales deben gestionarse de forma diferenciada y trazable. El **papel sin impresión** se deposita en **contenedores azules** y se remite a plantas recicladoras acreditadas, siguiendo los procedimientos de transporte regulado (ADR). Por su parte, los **recortes impresos** se trituran hasta alcanzar un tamaño de partícula de **10 mm**, lo que permite su valorización posterior sin comprometer la confidencialidad de los datos contenidos en ellos. Este tratamiento es especialmente relevante cuando se manipulan documentos corporativos, administrativos o educativos.

Otros materiales empleados en el proceso también son gestionados según su naturaleza. Los canutillos plásticos se recogen y compactan en cubos de polipropileno para su reciclaje mecánico, mientras que los alambres de wire-o, una vez separados, se almacenan en bidones metálicos que posteriormente se destinan a fundición. L

Los residuos de adhesivo PUR que no llegan a utilizarse en la encuadernación térmica se depositan en bandejas de silicio para su solidificación, permitiendo su clasificación como residuo no peligroso bajo el código LER 200140. Todo el proceso se realiza conforme a la normativa de residuos vigente en España, concretamente el Real Decreto 553/2020 sobre traslado de residuos.

Caso práctico contextualizado

Área de acabados en una planta de encuadernación

En el área de acabados de una planta de encuadernación, el departamento de calidad y medio ambiente debe implementar medidas concretas para reducir los riesgos laborales asociados al uso de maquinaria y establecer un sistema eficaz de gestión y reciclaje de los residuos generados durante el proceso. ¿Qué acciones preventivas y protocolos ambientales específicos deberían aplicarse para proteger al personal, cumplir la normativa vigente y garantizar una gestión responsable de los materiales sobrantes?

El análisis de riesgos identifica atrapamientos de manos en rodillos, proyección de grapas sueltas y cortes con cuchillas como eventos de mayor probabilidad.

Para mitigarlos, se instruye al personal con sesiones bianuales y simulaciones de manipulación segura; los guantes anticorte nivel C (EN 388) y las gafas con certificación EN 166 se entregan en el vestuario y su uso se controla mediante checklist diaria.

Los suelos presentan coeficiente de fricción ≥ 0,45 para prevenir resbalones, y las rutas de evacuación disponen de señal fotoluminiscente conforme a ISO 16069.

En materia ambiental, los restos de papel sin impresión se segregan en contenedores azules y se envían a planta recicladora con registro ADR; los recortes impresos pasan por trituración a partículas de 10 mm antes de su valorización, garantizando confidencialidad. Los canutillos plásticos se compactan en cubos de polipropileno y los alambres de wire-O se recogen en bidones metálicos para fundición. Los adhesivos PUR sobrantes se solidifican en bandejas de silicio y se clasifican como residuo no peligroso, cumpliendo con el Real Decreto 553/2020 de traslado.

8.7 CONTROL DE CALIDAD EN ENCUADERNACIÓN

El aseguramiento de la calidad en los procesos de encuadernación se estructura según los principios de la norma **ISO 9001**, reforzados por herramientas de mejora como **Six Sigma**, que permiten identificar desviaciones y aplicar medidas correctivas con eficacia. Para ello, se definen **tres fases de control**: recepción de materiales, verificación durante el proceso productivo e inspección final antes de la entrega.

Control de calidad en la encuadernación

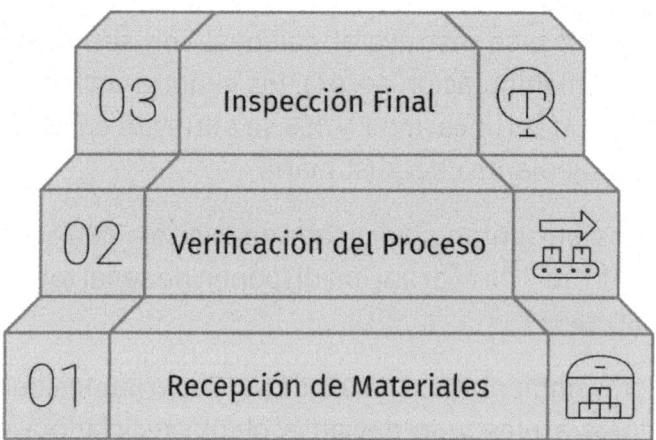

Cada trabajo se vincula a una orden de producción que incorpora una hoja de ruta con controles estadísticos (SPC). Cuando se cambia el tipo de papel, el color de cubierta o el diámetro del canutillo, se realiza una muestra de inicio que se compara con una ficha maestra aprobada por calidad. Esta muestra sirve para validar visual y dimensionalmente el primer ejemplar antes de autorizar la tirada completa.

El departamento de calidad suele contar con equipamiento específico. Por ejemplo, para evaluar la resistencia al arrancado en encuadernaciones con grapa, se puede emplear un dinamómetro digital conforme a la norma DIN 2261. En producciones estándar (como cuadernos tamaño A4 con papel de 80 g/m²), se considera adecuada una fuerza mínima de 7 N por grapa (*valor orientativo* que puede variar según el producto). Del mismo modo, un calibrador digital permite verificar el espesor del bloque encuadernado con una tolerancia de ±0,3 mm (*como ejemplo común*). El escuadrómetro, por su parte, sirve para asegurar el paralelismo y la ortogonalidad del corte; una desviación máxima aceptable de 0,2 mm en diagonal puede aplicarse en impresos de precisión (*a modo de referencia*).

Durante el desarrollo del tiraje, el control de calidad puede implicar la inspección de una unidad cada 250 ejemplares (*frecuencia habitual en procesos medios*). El operario anota las incidencias en una tarjeta de proceso, y ante cualquier desviación (como páginas mal ensambladas, lomos deformados o grapados fuera de eje), se retira el lote afectado y se revisa la causa para evitar repeticiones.

Este sistema permite detectar errores con rapidez, mantener registros trazables, y asegurar que los productos terminados respetan los parámetros técnicos establecidos por el cliente

8.7.1 Criterios de evaluación y revisión final

La aceptación de un lote de encuadernación depende de un sistema de control final riguroso, diseñado para validar tanto los aspectos mecánicos como estéticos y funcionales del producto.

Evaluación de la conformidad en encuadernación

```
├── 1. Muestreo del lote
│   ├── Selección de 200 unidades aleatorias
│   └── Plan ISO 2859-1 Nivel II (aceptación ≥ 95%)
├── 2. Revisión por criterios de calidad
│   ├── Integridad mecánica: sin hojas sueltas ni puntas metálicas
│   ├── Alineación: desfase máximo de 0,5 mm
│   ├── Estética: color dentro de dE* 2, sin marcas ni abolladuras
│   ├── Funcionalidad: apertura 180°, giro 360° sin fricción
│   └── Legibilidad: márgenes ≥ 12 mm, texto nítido bajo lupa 10×
├── 3. Prueba de fatiga
│   ├── Banco neumático
│   └── 10 ciclos/s durante 5 minutos (ejemplo)
└── 4. Certificación y trazabilidad
├── Emisión de certificado de conformidad
├── Código QR con historial del lote
└── Datos: materiales, parámetros, inspecciones y responsable
```

Generalmente, el lote se considera conforme cuando alcanza un **índice de aceptación igual o superior al 95 %**, sobre un total de **200 muestras aleatorias**, conforme a un plan de muestreo basado en la **norma ISO 2859-1, nivel II** (*como ejemplo de aplicación común*). Este tipo de muestreo permite detectar errores significativos sin necesidad de inspección total, agilizando los tiempos sin comprometer la calidad.

La evaluación contempla cinco criterios principales:

Revisión por criterios de calidad

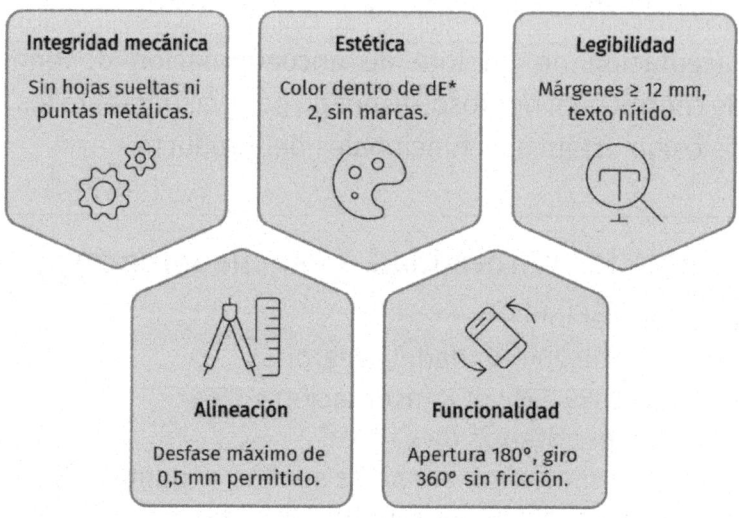

Integridad mecánica

Sin hojas sueltas ni puntas metálicas.

Estética

Color dentro de dE* 2, sin marcas.

Legibilidad

Márgenes ≥ 12 mm, texto nítido.

Alineación

Desfase máximo de 0,5 mm permitido.

Funcionalidad

Apertura 180°, giro 360° sin fricción.

En primer lugar, la integridad mecánica, que implica la ausencia de hojas sueltas y una sujeción firme del alambre, sin puntas salientes que puedan comprometer la manipulación segura del documento. En segundo lugar, la alineación, evaluada por el igualado entre las cubiertas y el bloque interior; como valor de referencia, se puede admitir un desfase máximo de 0,5 mm entre bordes (*según tolerancia establecida por cliente o diseño*).

En cuanto a la estética, se analiza que el lomo esté libre de deformaciones, que las cubiertas no presenten rayas visibles ni marcas de presión, y que el color se mantenga dentro de un margen de variación cromática de *dE 2** respecto al color corporativo (*valor comúnmente aceptado para impresiones de imagen corporativa*). La funcionalidad también es determinante: el documento debe poder abrirse completamente a 180° sin generar resistencia excesiva, y en el caso de encuadernaciones en espiral, debe girar 360° sin fricción ni bloqueo.

El quinto aspecto es la legibilidad, garantizada por márgenes interiores de al menos 12 mm (*recomendado para buena visibilidad sin solape de encuadernación*) y por la nitidez del texto, que debe mantenerse sin empastamientos o halos incluso bajo una lupa de 10 aumentos, lo que permite detectar defectos sutiles en la reproducción del contenido.

Para verificar la durabilidad del producto, se incluye una prueba acelerada de fatiga: se somete una muestra representativa a diez ciclos de apertura y cierre por segundo durante cinco minutos en un banco neumático (*como ensayo estándar en procesos industriales*). Al finalizar, la encuadernación debe mantener su estructura intacta y funcionalidad completa.

Una vez superadas todas las inspecciones, se emite un **certificado de conformidad**, que incorpora un trazador QR enlazado al historial digital del lote. Este historial incluye la referencia de materiales utilizados, los parámetros configurados en las máquinas, los resultados de las inspecciones realizadas y el responsable de turno que validó el proceso.

CERTIFICADO DE CONFORMIDAD

EncuadernaLann S.L. · Control de calidad y trazabilidad de lotes

Empresa:	EncuadernaLann S.L.
Dirección:	C/ Artes Gráficas, 24 – 28045, Madrid
Teléfono:	91 123 45 67
N.º de certificado:	C-2025-0478
Fecha de emisión:	22/04/2025

Datos del lote inspeccionado

Orden de producción: OP-2025/1349
Referencia interna: CAT-MAYO-A4-WO
Producto: Catálogo encuadernado Wire-O A4
Tirada: 2.000 ejemplares

Fecha de producción: 20/04/2025
Tipo de encuadernación: Wire-O doble anillo, 180° apertura
Tipo de papel: Couché mate 135 g/m² + cubierta PET 200 μm
Diámetro del wire-o: 14 mm

Resultado de la inspección final

Muestreo según ISO 2859-1 Nivel II (ejemplo):
    - Unidades inspeccionadas: 200
    - Índice de conformidad alcanzado: 96,5 %
Criterios de control (valores de referencia):
    - Integridad mecánica: ☑
    - Alineación (≤ 0,5 mm): ☑
    - Estética (color dE* ≤ 2): ☑
    - Funcionalidad (apertura 180°, giro 360°): ☑
    - Legibilidad (margen ≥ 12 mm, nítido a 10×): ☑
    - Prueba de fatiga (10 ciclos/s durante 5 min): ☑

Trazabilidad digital del lote

Puede escanear el siguiente código QR para acceder al historial digital completo del lote:

Responsable de calidad:
Firma: _____
Nombre: Elsa Rubio
Fecha de validación: 22/04/2025

Ejemplo de certificado de conformidad

Autoevaluación

1. **¿Qué componente de una copiadora láser descarga selectivamente el cilindro fotoconductor?**

   a) Tóner

   b) Láser / diodo emisor

   c) c) Rodillos de fusión

2. **Para evitar que se transparente el contenido en una impresión a doble cara, se recomienda usar un papel con:**

   a) Gramaje de 70 g/m²

   b) Opacidad superior al 94 %

   c) Acabado brillante

3. **¿Qué norma certifica el sistema de gestión de seguridad y salud laboral en una sala de reprografía?**

   a) ISO 12647

   b) ISO 45001

   c) ISO 14001

4. **En el escaneado de un original en una copiadora láser, ¿para qué sirven la lámpara LED y los espejos?**

   a) Ajustar la temperatura de fusión

   b) Escanear el original y proyectar la imagen sobre el sensor CCD

   c) Activar el rodillo de transferencia

5. **¿De qué se compone típicamente el tóner utilizado en impresoras láser?**

   a) Agua y pigmento

   b) Resina termoplástica, pigmento y agentes de carga

   c) Tinta base solvente

6. **Analice cómo la selección de soporte de impresión (gramaje, acabado y opacidad) puede afectar la calidad y el coste de un proyecto de reproducción documental.**

7. **Explique la importancia del mantenimiento rutinario (limpieza, calibración y sustitución de consumibles) para el rendimiento y la longevidad de los equipos de reprografía.**

8. **Describa los riesgos laborales más significativos en una sala de reprografía y las medidas preventivas que se deben implementar.**

9. **Reflexione sobre el impacto ambiental de la gestión de consumibles y residuos en reprografía y cómo se puede mejorar la sostenibilidad.**

10. **Evalúe las ventajas de los diferentes métodos de encuadernación (canutillo, espiral, wire O) en función de la función y el tipo de documento a presentar.**

Respuestas

1.

b) Láser / diodo emisor

2.

b) Opacidad superior al 94 %

3.

b) ISO 45001

4.

b) Escanear el original y proyectar la imagen sobre el sensor CCD

5.

b) Resina termoplástica, pigmento y agentes de carga

6.

La elección del soporte —su gramaje, acabado y opacidad— incide directamente en el resultado final: un papel más grueso (p. ej. 160 g/m²) ofrece rigidez y evita arrugas en impresiones a doble cara, mientras que acabados mate o brillo modifican la reflexión de la luz y la percepción del color. Por otra parte, soportes de alto gramaje y opacidad suelen ser más caros, por lo que equilibrar calidad y presupuesto resulta clave en tiradas grandes.

7.

El mantenimiento periódico —limpieza de cristales y boquillas, calibración de densidades y sustitución de consumibles en cuanto avisa el monitor— garantiza que el equipo funcione a pleno rendimiento, evita atascos y arrugas, y prolonga la vida útil de rodillos, cabezales y fusión. Una máquina bien cuidada reduce tiempos de inactividad y costes de reparación.

8.

Entre los riesgos más comunes están la inhalación de polvo de tóner, los atrapamientos mecánicos en rodillos, y la exposición a altas temperaturas en la zona de fusión. Para prevenirlos se usan guantes de nitrilo, mascarillas antipartículas, protección ocular lateral, interruptores de parada de emergencia y ventilación con filtros HEPA que mantienen la calidad del aire.

9.

El ciclo de consumibles genera residuos de tóner, cartuchos vacíos y papeles de prueba. Gestionarlos correctamente —recogida en contenedores LER, reciclaje de plásticos y destrucción segura de documentos confidenciales— reduce la huella ambiental. Implementar modos de bajo consumo, reducir pruebas impresas y participar en programas de retorno de fabricantes mejora la sostenibilidad.

10.

El canutillo plástico permite añadir o quitar hojas con facilidad, ideal para manuales vivos; la espiral ofrece giro de 360 ° y planitud total, óptima para cuadernos de campo o calendarios; el wire O aporta acabado premium y gran resistencia, adecuado para informes ejecutivos o agendas de alto nivel. La elección depende de la frecuencia de manejo, el grosor del documento y la imagen corporativa deseada.

Actividades de reflexión

1. ¿Qué ventajas te ofrece la personalización del entorno de Windows 11 en tu rutina diaria de estudio o trabajo? ¿Qué elementos sueles modificar y por qué?

   ...

2. ¿Crees que el sistema de organización de carpetas influye en tu productividad? Describe cómo estructuras tus archivos y si te resulta eficaz.

   ...

3. Valora la importancia de realizar copias de seguridad. ¿Has perdido alguna vez información por no tener un respaldo? ¿Qué aprendiste de esa experiencia?

   ...

4. ¿Qué utilidad encuentras en las herramientas básicas de Windows 11, como la aplicación Fotos o la herramienta Recortes? ¿Cuál usas más y para qué tipo de tareas?

   ...

5. Reflexiona sobre las diferencias entre usar una cuenta local y una cuenta vinculada a Microsoft. ¿Cuál prefieres y por qué?

   ...

6. ¿Cómo influye el diseño visual de Windows 11 en tu forma de trabajar o estudiar? ¿Crees que el aspecto estético impacta realmente en la productividad?

   ...

7. Explica cómo utilizarías las funciones de red de Windows 11 para colaborar en un proyecto grupal. ¿Qué ventajas encuentras respecto al trabajo en local?

   ...

8. Imagina que debes enseñar a otra persona a gestionar archivos en Windows 11. ¿Qué aspectos destacarías como prioritarios para un uso eficaz del sistema?

   ...

9. ¿Qué criterios personales sigues a la hora de nombrar carpetas y archivos? ¿Crees que una convención clara mejora la organización?

   ...

10. ¿En qué medida crees que la accesibilidad de Windows 11 contribuye a la inclusión digital? ¿Qué herramientas te parecen más útiles en ese sentido?

    ...

11. Describe una situación concreta en la que te hayas beneficiado de los atajos de teclado o menús contextuales en Windows 11. ¿Cómo afectó eso a tu rendimiento?

    ...

12. ¿Qué importancia le das a mantener tu entorno digital ordenado y actualizado? ¿Con qué frecuencia revisas o limpias tus carpetas y archivos?

    ...

13. Valora la experiencia de trabajar con documentos compartidos a través de red local. ¿Qué medidas tomarías para garantizar la integridad de los archivos?

    ...

14. Si tuvieras que configurar un equipo desde cero para una persona mayor, ¿qué elementos de personalización de Windows 11 priorizarías y por qué?

    ...

15. ¿Crees que las herramientas nativas de Windows 11 son suficientes para tus necesidades diarias o recurres habitualmente a software externo? Razona tu respuesta.

    ...

16. ¿Cómo influye el conocimiento técnico de los equipos de reprografía en la eficiencia del trabajo y la calidad del resultado final? Reflexiona sobre si manejar correctamente una impresora multifunción o una duplicadora por stencil puede marcar la diferencia en una oficina o en un centro educativo.

    ...

17. ¿Crees que los soportes de impresión se eligen con criterio suficiente en el día a día de oficinas y copisterías? Valora si se presta la debida atención a las características del papel, el acabado o el gramaje, o si se opta por lo más barato o rápido.

    ...

18. ¿En qué medida el cumplimiento de las instrucciones técnicas y el mantenimiento preventivo pueden evitar averías y retrasos? Piensa en algún ejemplo práctico (real o hipotético) donde una falta de revisión haya provocado un fallo importante.

    ...

19. ¿Podrías justificar la necesidad de formar al personal en la gestión segura de consumibles, especialmente tintas y tóners? Considera tanto la salud del trabajador como el impacto ambiental.

...

20. ¿Crees que los métodos tradicionales como el stencil aún tienen un lugar en la reprografía actual, más allá de su bajo coste? Analiza si su uso responde solo a la falta de recursos o si tienen ventajas reales que podrían aprovecharse.

...

21. ¿Cómo afecta la elección de un soporte plástico frente a un soporte de papel en términos de sostenibilidad? Reflexiona sobre cuándo es justificable recurrir al plástico, y cómo reducir su impacto.

...

22. ¿Qué importancia le das a la trazabilidad y al registro de incidencias en la producción gráfica? Valora si anotar cada detalle técnico o fallo observado es una pérdida de tiempo o una herramienta de mejora real.

...

23. ¿Te parece adecuada la actual formación sobre prevención de riesgos en entornos de reprografía? Piensa si tú o tus compañeros estaríais realmente preparados para actuar ante una fuga de tóner, un atasco mecánico o un corte accidental.

...

24. ¿Qué papel juega el control de calidad en la percepción que tiene un cliente de un dossier, manual o memoria anual? Reflexiona si un error mínimo (como un color desviado o un borde mal cortado) puede afectar negativamente a la imagen de una empresa.

...

25. ¿Has experimentado alguna vez una situación en la que el tipo de encuadernación condicionara el uso real del documento? Por ejemplo, una espiral que se deformó o una encuadernación térmica que dificultaba abrir el texto completamente.

...

26. ¿Hasta qué punto debería una empresa invertir en maquinaria especializada de acabado (plastificadoras, plegadoras, etc.)? Reflexiona sobre la relación entre la inversión, el volumen de trabajo y el valor añadido que se genera en el producto final.

...

27. ¿Consideras que el uso de estándares como ISO 12647 o ISO 9001 mejora el trabajo cotidiano o lo vuelve más burocrático? Valora si estas normas realmente ayudan al operario o si solo sirven para auditorías.

...

28. ¿Cómo puede contribuir una buena política de gestión de residuos a mejorar la imagen de una empresa de impresión o encuadernación? Piensa en la percepción que puede tener un cliente al saber que los materiales usados son reciclados o gestionados de forma responsable.

...

29. ¿Crees que el personal técnico valora suficientemente la ergonomía y la seguridad en tareas repetitivas como el alzado o el perforado? Reflexiona sobre los riesgos a largo plazo y cómo podrían prevenirse con pequeños cambios en el entorno laboral.

...

30. ¿En qué medida la automatización de procesos de reproducción y encuadernación puede sustituir al criterio humano? Valora si crees que la experiencia del operario sigue siendo necesaria para detectar matices de calidad o resolver problemas que las máquinas aún no interpretan correctamente.

...

Actividades finales

1. **Diseñar una estructura de carpetas para un proyecto multimedia y ejecutar una copia de seguridad.**

   ▶ Instrucciones:

   - Crear en "Este equipo" la carpeta Proyecto_Multimedia con las subcarpetas Imágenes, Vídeos, Documentos y Recursos.

   - En Documentos, agregar al menos tres archivos de texto con nombres descriptivos (guion.txt, cronograma.docx, notas.txt).

   - Configurar una copia de seguridad incremental que guarde solo las modificaciones en un disco duro externo o unidad USB.

   - Capturar pantallazos de la jerarquía resultante y del asistente de copia de seguridad.

2. **Emparejar en dos columnas los conceptos con su descripción.**

   ▶ Columna A: 1) RAID 5 2) LTO 3) PDF/A-2 4) Wire-O

   ▶ Columna B: a) Formato abierto para preservación digital con fuentes incrustadas

   ▶ b) Matriz de discos con paridad distribuida

   ▶ c) Encuadernación metálica de doble anilla

   ▶ d) Cartucho magnético de alta capacidad desconectado de red

3. Señalar la opción correcta en cada caso.

a) Para migrar una base de Access con tablas pesadas a SQL Server, lo más recomendado es:

- Compactar y reparar

- Dividir front-end/back-end y usar asistente de migración a SQL

- Exportar a CSV y volver a importar

b) El estándar que define los requisitos de gestión de calidad y seguridad en sala de reprografía es:

- ISO 45001

- ISO 27001

- ISO 12647

4. Rellenar los espacios con la palabra adecuada.

a) En Access, la vista _____ permite escribir directamente sentencias SQL.

b) La destrucción de discos duros que contienen datos sensibles se ajusta al estándar _____.

c) El método de ordenación _____ coloca documentos según país, provincia y localidad.

5. Crear una consulta que muestre clientes con más de 5 pedidos.

▸ Instrucciones:

- Partir de las tablas Clientes (ID_cliente, Nombre) y Pedidos (ID_pedido, ID_cliente, Importe).

- Generar una consulta de agrupación que cuente pedidos por cliente y filtre aquellos con Conteo > 5.

- Guardar la consulta como ClientesFrecuentes.

6. **Determinar diámetro de espiral para un documento de 240 hojas de 80 g/m².**

   ▶ Instrucciones:

   - Consultar tabla de equivalencias: 16 mm → 120 hojas; 32 mm → 280 hojas.

   - Seleccionar el diámetro más adecuado y justificar la elección.

Soluciones

La estructura de carpetas se creó bajo el directorio "Este equipo" con una carpeta principal denominada Proyecto_Multimedia y cuatro subcarpetas: imágenes, Vídeos, Documentos y Recursos. En la carpeta Documentos se añadieron tres archivos de texto con nombres descriptivos: guion.txt, cronograma.docx y notas.txt. A continuación se configuró una copia de seguridad incremental en el panel de "Configuración → Copias de seguridad", seleccionando únicamente las modificaciones realizadas tras la primera copia y apuntando al disco duro externo conectado por USB. El asistente de copia muestra la ruta de origen, el destino en la unidad externa y la opción "Copia incremental", generando un registro de fecha y hora. Se capturaron pantallazos de la jerarquía de carpetas en el Explorador de archivos y de cada paso del asistente de copia, confirmando el correcto guardado de los cambios.

En la actividad de emparejamiento, RAID 5 se asocia a la "matriz de discos con paridad distribuida" (b), puesto que reparte la información y la paridad entre varios discos para tolerancia a fallos; LTO corresponde al "cartucho magnético de alta capacidad desconectado de red" (d), utilizado para archivos externos; PDF/A-2 es el "formato abierto para preservación digital con fuentes incrustadas" (a), idóneo para garantizar la legibilidad a largo plazo; y Wire-O se identifica con la "encuadernación metálica de doble anilla" (c), apreciada por su apertura plana y aspecto profesional.

Para migrar una base de Access con tablas voluminosas a SQL Server, la opción recomendada consiste en "dividir front-end/back-end y usar el asistente de migración a SQL", ya que preserva las relaciones y facilita el rendimiento distribuido. El estándar que regula la gestión de calidad y seguridad en sala de reprografía es ISO 45001, que cubre los requisitos de seguridad de máquina, ergonomía y prevención de riesgos en entornos industriales.

En Access, la vista SQL permite escribir directamente sentencias; la destrucción de discos duros con datos sensibles se ajusta al estándar NIST 800-88; y el método de ordenación geográfico sitúa los documentos según país, provincia y localidad, ideal para proyectos multinacionales o de áreas administrativas.

La consulta ClientesFrecuentes se creó partiendo de las tablas Clientes e Pedidos. En el diseñador de consultas de Access se unieron los campos ID_cliente, agrupando por Clientes.ID_cliente y Clientes.Nombre, y se añadió la función de agregación COUNT(Pedidos.ID_pedido) con alias Conteo. En la fila "Criterios" de dicha columna se estableció >5. Al ejecutar el diseño SQL, la instrucción resultó:

sql

```sql
SELECT Clientes.ID_cliente, Clientes.Nombre,
   COUNT(Pedidos.ID_pedido) AS Conteo
FROM Clientes
JOIN Pedidos ON Clientes.ID_cliente = Pedidos.ID_cliente
GROUP BY Clientes.ID_cliente, Clientes.Nombre
HAVING COUNT(Pedidos.ID_pedido) > 5;
```

La consulta se guardó bajo el nombre ClientesFrecuentes y muestra únicamente aquellos clientes con más de cinco pedidos.

Para un documento de 240 hojas de 80 g/m², la tabla de equivalencias indica que un espiral de 16 mm soporta hasta 120 hojas y uno de 32 mm hasta 280 hojas. Por tanto, se selecciona el diámetro de 32 mm, ya que cubre con holgura las 240 páginas sin apretar el lomo, permitiendo además reinserciones periódicas de secciones sin forzar el anclaje ni deformar el soporte.

Evaluación final

Preguntas tipo test

1. ¿Qué vista en Access permite escribir directamente sentencias SQL?

    a) Hoja de datos

    b) Diseño

    c) SQL

    d) Informe

2. ¿Qué estándar define el método de destrucción segura de discos duros?

    a) ISO 12647

    b) ISO 45001

    c) NIST 800 88

    d) ISO 27001

3. ¿Cuál es el código LER asociado al tóner usado en reprografía?

    a) 080318

    b) 200140

    c) 180320

    d) 140200

4. Al migrar una base de Access con tablas voluminosas a SQL Server, lo más recomendable es:

a) Compactar y reparar

b) Exportar a CSV y volver a importar

c) Dividir front end/back end y usar asistente de migración a SQL

d) Crear una nueva base vacía y copiar registros manualmente

5. El método de clasificación que organiza documentos por país, provincia y localidad se denomina:

a) Alfabético

b) Cronológico

c) Geográfico

d) Por materias

6. En un entorno de almacenamiento en disco, RAID 5 se caracteriza por:

a) Espejado completo de cada disco

b) Striping sin redundancia

c) Paridad distribuida

d) Fragmentación dinámica

7. El formato ideal para preservación digital con fuentes incrustadas es:

a) PDF estándar

b) TIFF sin compresión

c) PDF/A 2

d) JPEG de alta calidad

8. ¿Qué técnica de Access mejora el rendimiento en entornos multiusuario al separar datos y objetos de interfaz?

a) Compactar y reparar

b) Dividir front-end/back-end

c) Exportar a CSV

d) Importar XML

9. ¿Cuál es el código LER que identifica residuos de adhesivos poliuretánicos reactivos?

a) LER 080318

b) LER 200140

c) LER 553/2020

d) LER 180/2015

10. En plastificado térmico, ¿qué ajuste del equipo previene la aparición de arrugas en el film?

a) Velocidad de salida

b) Temperatura del rodillo calefactado

c) Tensión preajustada del film

d) Presión del rodillo de silicona

Frases para rellenar

1. En Access, la vista _____ permite redactar directamente consultas SQL.

2. La destrucción física de discos duros sigue las pautas de _____.

3. El procedimiento de copia de seguridad incremental se gestiona en el apartado _____ de Windows 11.

4. El método de clasificación _____ organiza documentos por ubicación geográfica.

5. RAID 5 utiliza la _____ para garantizar tolerancia a fallos.

6. LTO corresponde a cartuchos magnéticos de copia _____.

7. El formato PDF/A-2 garantiza la incrustación de _____.

8. La norma ISO 45001 regula la gestión de _____ en reprografía.

9. El comando _____ de Access compacta y repara la base de datos.

10. Para 240 hojas de 80 g/m² se elige espiral de _____ mm.

Respuestas

Preguntas tipo test

1.

   c) SQL

2.

   c) NIST 800-88

3.

   a) 080318

4.

   c) Dividir front-end/back-end y usar asistente de migración a SQL

5.

c) Geográfico

6.

c) Paridad distribuida

7.

c) PDF/A-2

8.

b) Dividir front-end/back-end

9.

b) LER 200140

10.

c) Tensión preajustada del film

Frases para rellenar

1. SQL
2. NIST 800-88
3. Copias de seguridad
4. Geográfico
5. Paridad
6. Externa
7. Fuentes
8. Seguridad laboral
9. Compactar y reparar
10. 32

Glosario

- **Archivo:** conjunto organizado de documentos, físicos o digitales, almacenados con criterios de clasificación y retención.

- **Archivo activo:** documentos de uso frecuente en la operativa diaria, almacenados en accesos rápidos para recuperación inmediata.

- **Archivo semiactivo:** expedientes con consultas poco frecuentes, trasladados a depósitos intermedios o almacenamiento de segunda línea.

- **Archivo inactivo:** documentación cuyo valor operativo ha finalizado, conservada por exigencia legal o histórica en depósitos de largo plazo.

- **Carpeta:** contenedor virtual en el sistema de archivos para agrupar documentos y facilitar su organización.

- **Directorio:** sinónimo de carpeta; unidad de nivel superior utilizada para estructurar la jerarquía de archivos.

- **Explorador de archivos:** herramienta de Windows para navegar, gestionar y organizar carpetas y archivos.

- **Interfaz:** conjunto de elementos gráficos y controles que permiten la interacción del usuario con el sistema.

- **Barra de tareas:** área de la pantalla que muestra aplicaciones abiertas y accesos rápidos a funciones del sistema.

- **Menú de inicio:** panel central o lateral que agrupa accesos directos a aplicaciones y configuraciones del sistema.

- **Copia de seguridad:** duplicación de datos para prevenir pérdidas ante fallos de hardware o incidentes.

- **Copia incremental:** respaldo que guarda únicamente los cambios realizados desde la última copia completa o incremental.

- **RAID:** conjunto de discos configurados para mejorar rendimiento y tolerancia a fallos mediante striping y paridad.

- **LTO:** tecnología de cinta magnética para almacenamiento externo de alta capacidad y desconectada de la red.

- **PDF/A-2:** variante de PDF diseñada para preservación a largo plazo con fuentes incrustadas y sin dependencias externas.

- **Wire-O:** sistema de encuadernación metálica de doble anilla que permite apertura plana de hasta 360°.

- **Canutillo:** elemento plástico perforado que agrupa hojas mediante dientes equidistantes y admite actualizaciones.

- **Espiral:** cuerda continua de PVC o metal que se enrosca en perforaciones, garantizando giro completo de las páginas.

- **Grapa:** pieza metálica utilizada para fijar conjuntos de hojas mediante prensado en prensas o grapadoras.

- **Formulario (Access):** interfaz personalizada para entrada y visualización de datos que simplifica la interacción con tablas.

- **Consulta (Access):** objeto que extrae y transforma datos de tablas según criterios definidos, mediante diseñador o SQL.

- **Tabla (Access):** estructura que almacena datos en filas y columnas, definiendo tipos de campo y reglas de integridad.

- **Informe (Access):** documento que presenta datos con formato profesional para impresión o exportación.

- **Front-end:** archivo de Access que contiene consultas, formularios e informes, separado del almacenamiento real de datos.

▼ **Back-end:** archivo de Access donde residen las tablas y datos, accesible simultáneamente por múltiples usuarios.

▼ **Compactar y reparar:** función que elimina espacios vacíos y repara índices en la base de datos para optimizar su tamaño y salud.

▼ **SQL:** lenguaje de consulta estructurado para definir, manipular y consultar datos en sistemas de gestión de bases de datos.

▼ **VBA:** lenguaje de programación integrado en Access para automatizar tareas, crear macros y extender funcionalidades.

▼ **Filtro:** criterio aplicado a un conjunto de datos para mostrar solo los registros que cumplen condiciones específicas.

▼ **Ordenación:** proceso de clasificar registros en orden ascendente o descendente según uno o varios campos.

▼ **Índice:** estructura auxiliar que acelera búsquedas en tabla al permitir acceso directo según valores de campo.

▼ **Clave primaria:** campo o conjunto de campos que identifica de manera única cada registro en una tabla.

▼ **Clave foránea:** campo que referencia la clave primaria de otra tabla, estableciendo relaciones entre ellas.

▼ **Migración (de datos):** transferencia de información de un sistema o formato a otro manteniendo su integridad.

▼ **Fragmentación:** distribución de datos o índices en bloques no contiguos, lo cual puede degradar el rendimiento.

▼ **Macro (Access):** conjunto de acciones predefinidas que se ejecutan de forma automatizada al disparar eventos.

▼ **Checksum:** valor calculado a partir de datos para verificar su integridad al comparar resultados antes y después de la transmisión.

▼ **SHA-256:** algoritmo de suma de verificación criptográfica que produce un hash de 256 bits para validar datos.

- **Metadatos:** información descriptiva sobre un documento o archivo, como autor, fecha de creación y derechos de acceso.

- **Trazabilidad:** capacidad de rastrear el historial y las modificaciones de un registro o documento a lo largo del tiempo.

- **Autenticación multifactor:** método de seguridad que combina dos o más factores (algo que sabes, tienes o eres) para verificar identidad.

- **ENS:** esquema Nacional de Seguridad que establece requisitos de protección para sistemas de información en la Administración pública.

- **ISO 15489:** norma que define principios y requisitos para la gestión de documentos y archivos en entornos organizativos.

- **ISO 45001:** estándar internacional para sistemas de gestión de la seguridad y salud en el trabajo.

- **ISO 12647:** serie de normas que especifica los requisitos de control de calidad en producción de impresión.

- **NIST 800-88:** guía para la sanitización y destrucción segura de medios de almacenamiento digital.

- **RGPD:** reglamento General de Protección de Datos de la Unión Europea que regula el tratamiento de datos personales.

- **Formato abierto:** estándar público y libre de restricciones de propiedad para asegurar la interoperabilidad y preservación.

- **AES-256:** algoritmo de cifrado simétrico de 256 bits que protege datos en reposo contra accesos no autorizados.

- **Copias de seguridad en red:** respaldo automático de información en servidores o dispositivos NAS accesibles por múltiples usuarios.

SÍGUENOS EN INSTAGRAM Y ACCEDE GRATIS A NUESTRA BIBLIOTECA DIGITAL DURANTE 30 DÍAS.

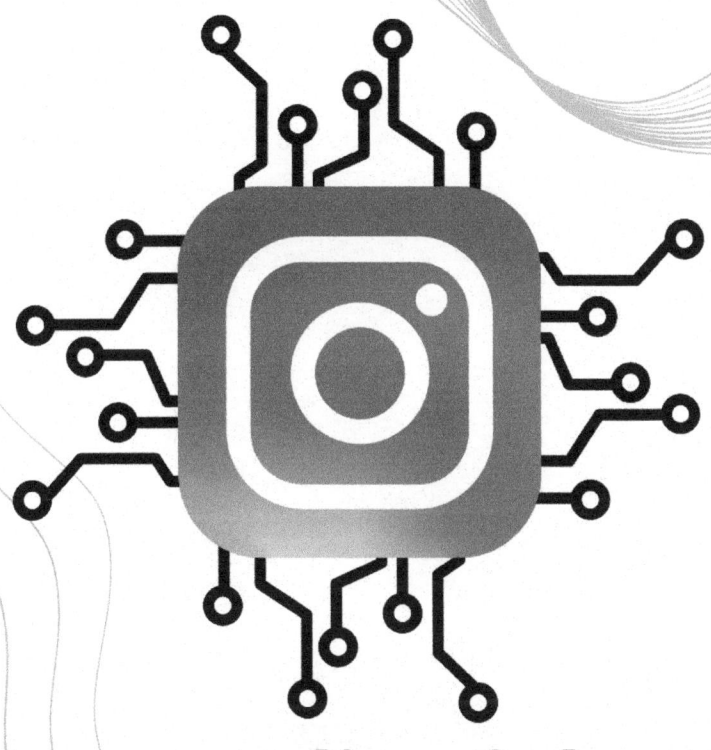

@grupoeditorialrama

¡ENVIANOS TU MAIL POR PRIVADO!

Grupo Editorial
ra-ma

40 ANIVERSARIO